KB065199

형법상 소급효금지의 원칙과
시간적 정의의 문제

김 일 수

세창출판사

서 문

　　오늘날 형법은 법의 세계 안팎으로부터 심각한 도전을 받고 있다. 형법보다 우선수단으로 고려해야 할 민사벌에도 징벌적 손해배상이라는 무서운 제도가 들어와 있고, 민사소송의 집행력을 높이기 위한 이행강제금제도는 형법상 벌금이나 과료보다 당사자에게 훨씬 큰 고통을 안겨 주는 제도이다. 어디 그뿐이랴. 예고 없이 투입되는 세무사찰이나 긴급행정명령은 형벌을 통한 자유제한보다 훨씬 더 민첩하고 강력한 자유제한 수단으로 체감되기도 한다. 그 밖에도 형법의 확장이나 전진배치 내지 선제적인 형법수단의 동원을 촉구하거나 지지하는 안전형법, 위험형법, 적대형법관의 등장은 이미 단순한 이론의 차원을 넘어 각 나라의 형법실무에서 눈에 띌 정도라는 현실이다. 그럼에도 불구하고 형법은 여전히 계몽주의 이래로 '범죄인의 마그나 카르타'로서의 기능을 충실히 수행해 오고 있다는 사실을 부인하기 어렵다.

　　형법의 보충적인 법익보호기능은 대부분 사회윤리에 바탕을 둔 것이기에, 그에 대한 침해는 사물의 본성상 사회적인 비난을 불러일으키기에 적합한 것이다. 이 사회윤리적인 비난과 수치심을 유발하는 낙인효과는 다른 민사벌이나 행정제재가 가질 수 없는 형사제재의 고유한 특성이다. 바로 그런 이유 때문에 오늘날도 국가형벌권의 행사는 언제나 정당성을 지녀야 하고, 헌법과 형법의 원칙들에 의한 한계영역 안에서 수행되어야 한다. 형법이 이 정당성과 한계를 벗어나면 국가의 형벌권행사는 도덕성을 잃고 만다. 도덕성을 잃은 공권력의 행사는 실로 폭력행사나 다름없어, 법공동체의 구성원 각자는 거기에 복종할 합리적인 이유를 찾지 못한다.

　　이 책은 자유법치국가 형법을 한계 짓는 가장 뿌리 깊은 자유보장책

가운데 하나인 죄형법정원칙에 초점을 맞추었다. 널리 알려진 바와 같이 죄형법정원칙은 소급효금지, 불명확한 문언사용금지, 관습법에 의한 처벌 금지, 유추적용금지 같은 네 가지 원칙을 내포한다. 그중에서도 한 나라가 정치적인 격변기를 맞이할 때마다 통치자들과 입법자들이 자주 빠지는 유혹이 바로 소급입법을 하려고 하는 것이다. 소급입법이라는 비상수단을 동원해서라도 과거의 정치권력을 응징하고, 이로써 현 정치권력의 도덕적 우월성을 국민들의 눈앞에 선명하게 드러내 보이려고 하는 욕심 때문이다. 뿐만 아니라 일상적인 법 생활 가운데서도 국가가 합리적인 형사정책적인 고려와 상관없이 조급하게 사회통제력을 강화하기 위한 방편으로 소급입법에 의한 문제해결을 시도하는 경우도 종종 있다.

　　그러나 이 경우 희생되는 것은 개인의 자유와 법적 안정감이고, 동시에 위험에 빠지는 것은 국가·사회의 규범안정성과 법질서에 대한 국민의 신뢰이다. 이러한 퇴행적인 비상입법조치들은 자유법치국가의 헌법과 형법이 지향하는 개인의 자유보장임무에 역행하는 것이다. 형법상 소급입법금지의 원칙은 국내정치의 격동기에 제왕적 통치자의 발호를 제약하고 더 나아가 합리적이고 자유친화적인 법정책의 안목과 철학이 부족한 통속적인 입법자들이 빠지기 쉬운 유혹을 견제하기 위한 경고 메시지와 같은 것이다. 어떤 상황에서라도 형사입법자는 개인의 자유와 안전 및 사회의 규범안정성을 보전하기 위해, 행위 시에 죄가 되지 않거나 가벼운 형벌로 처벌될 행위, 심지어는 소급입법 당시에 이미 공소시효가 다 된 행위에 대해 행위자에게 불리하도록 소급적인 입법조치를 일절 해서는 안 된다는 신호이다.

　　이 책에서 저자는 이 문제를 깊이 있게 다루기 위해 「5·18민주화운동 등에 관한 특별법」(1995.12.21, 법률 제5029호)을 둘러싼 당시의 정치권의 이해관계 및 검찰의 공소권행사, 헌법재판소의 결정과 대법원의 판결에 나타난 다수의견과 소수의견 그리고 학자들의 다양한 견해까지 분석해 보았다. 그 내용은 "공소시효의 정지·연장·배제와 소급효금지"라는 장에서 상세히 다루었다. 공소시효를 포함한 모든 소급입법은

"형법에서 시간적 정의"라는 법철학적·법이론적 문제와 마치 외나무다리에서의 만남처럼 회피할 수 없이 마주치고 만다. 이 문제는 지금까지 형법의 시간적 효력이 미치는 범위(시간적 적용범위) 내지 시효문제에서 표준화된 교과서적인 해석론의 범주를 벗어나지 못했다. 그 결과 시간적 정의의 문제는 법학, 특히 형법학에서도 별로 조명받지 못한 채 어두운 장으로 남아 있었다.

법치주의에서 정의가 문제되었던 것처럼 형법의 실현에서도 정의 일반은 두말할 것도 없고 특별한 시간적 정의의 문제는 제자리를 찾아야 하고 또한 그 자리에 합당하게 눈을 부릅뜨고 자릿값을 해야 마땅하다. 제한적인 참고자료를 섭렵하며 이 문제를 논구했지만, 주제의 깊이와 넓이를 담아내기에는 역부족이었다는 사실을 고백하며, 앞으로 기회가 주어지면 더 보완할 생각이다. 다만 앞으로 통치자들과 형법입법자들이 소급입법의 유혹 앞에 서게 될 경우가 온다면, 개인의 시간의 이익이 곧 그의 실존적인 자유의 이익이며, 그것은 입법자가 함부로 처분할수 없는 더 높은 법, 실정법 위의 법, 즉 사랑의 법의 요구라는 점을 명심하도록 강조하고 싶은 것이다.

이 문제를 연구하고 책으로 펴내기까지 여러모로 지원을 아끼지 않은 미래한국재단에 감사를 드린다. 또한 과거청산의 소용돌이를 온몸으로 겪으면서 한국의 법치주의에 대한 깊은 성찰의 시간을 가졌던 허화평 이사장님께서 이 책의 저술기간 동안 여러 가지 쟁점에 대해 친절한 대화상대가 되어 주신 데 대해서도 마음으로부터 깊은 감사를 드린다. 코로나 사태의 어려움 가운데서도 출판을 맡아 수고해 주신 세창출판사 이방원 사장님과 임길남 상무님께도 깊은 감사를 드리는 바이다.

2020년 9월 초순
여의도 一隅에서

心溫 金日秀 삼가

서 론

　형법상 소급입법과 소급적용 금지의 원칙은 오늘날 모든 문명국가의 보편적인 법원칙의 하나다. 또 이 원칙은 헌법적인 원리로까지 승인된 것으로서, 국민의 자유와 안전을 지킬 선한 국가, 선한 정부에 대한 예견가능성과 신뢰의 원칙에 근거하고 있음은 주지의 사실이다. 이 신뢰를 실추시키는 권력 작용은 어떤 형태든지 간에 인권 내지 국민의 자유적 기본권 보호에 대한 예견불가능성을 초래할 위험신호로 간주할 수밖에 없다. 물론 현대적인 의미에서 법과 정의는 법질서의 불변성을 요구하지는 않는다. 하지만 적어도 예견 가능한 현재의 법 상태에 기반을 둔 법질서의 안정에 대한 신뢰구축을 요구한다.

　1987년 6.29선언 이후 오늘날까지도 끝나지 않은 문민화 과정을 거치면서, 우리가 체험한 '역사 바로 세우기', '과거청산', '적폐청산' 따위의 소용돌이 속에서 "정의구현"이라는 정치적 구호가 입법정의 및 사법정의를 실현함에 있어서 이 법적 안정성의 중요성을 "처분할 수 없는 법원칙"으로 우선순위에 놓지 않고, 도리어 정치적인 이해관계와 대중적인 여론에 편승하여 신축성 있는 것으로 간주하거나 소홀하게 다루지 않았는지 이제는 반성적으로 되돌아볼 시기가 되었다. 특히 문민정부 아래서 만들어진 5 · 18 특별법과 공소시효특례법 같은 법률은 정의라는 이름으로 법치국가의 자유보장책과 인권보장책들을 손쉽게 주변으로 밀어내 경솔하게 다룬 것은 아닌지 이제는 다시 법치주의의 기본원칙으로 돌아가 실질적 정의(평등)와 법적 안정성의 관점에서 숙고해 볼 때가 되었다고 생각한다. 왜냐하면 이 기본원칙들이 무너질 때 우리의 실존적인 삶에서 자유와 생명사랑의 존귀한 가치가 퇴락하고, 법률은 맹목적인 현상유지의 수단으로 기능화하여 무자비한 기계처럼 작동할 수 있기 때문이다.[1]

우리나라의 12·12나 5·18 관련사건이나 통일독일에서 동독사회주의 일당독재의 불법청산작업에서처럼 과거의 권력적 불법을 형사사법을 통해 처결하려 드는 경우, 법적 논증의 방식들에 유사점이 발견되는 점은 관심을 불러일으킬 만한 대목이다. 나치불법청산의 방향타가 되었던 이른바 라드브루흐공식을 일방적으로 자신들의 선입견에 맞추어 유리하게 끌어다 쓴, 독일과 우리나라에서 관련사건의 사법처리가 보여 주었던 편향된 시각에 대해서 필자는 이미 선행된 연구인 "한국의 법치주의와 정의의 문제"(2019.5.)에서 비판적으로 검토한 적이 있었다.

이번에 논의할 연구주제, 즉 "형법상 소급입법금지의 원칙과 시간적 정의의 문제"는 그 후속 연구의 일환이지만 선행연구의 잠정적인 결과를 구체적으로 더 심도 있게 다루어, 결론의 공감대와 명증성을 더욱 높이려는 작업에 해당한다. 그 생각의 실마리는 아이러니하게도 역시 라드브루흐의 다음과 같은 사상과 관계되어 있다. 즉, "우리는 정의를 추구하면서 동시에 법적 안정성을 고려해야 한다. 왜냐하면 법적 안정성 자체가 정의의 한 구성부분이기 때문이다, 따라서 우리는 이 두 가지 사상을 최대한으로 충족시키는 법치국가를 건설해야 한다."[2]

널리 알려진 바와 같이 정의(正義)는 한마디로 정의(定義) 내릴 수 없는 일반적·추상적 개념에 속한다. 법적 정의, 경제정의, 사회정의 등 다양한 측면들을 한 그릇에 주워 담을 수 없을 뿐만 아니라, 법이념으로서 정의도 각양각색의 내용을 담고 있어 일언으로 확정하기 어려운 게

1 　법률이 기계적인 율법주의에 빠져들지 않으려면 법과 종교의 상호작용을 새로운 통합의 관점에서 촉진시켜야 하며, 특히 법질서가 사랑, 믿음, 소망, 은총 같은 종교적 가치들에 정향될 필요가 있음을 역설한 저작으로는 H.J.Berman, The interaction of law and religion, 1974, p.81(버만/김철, 종교와 제도, 1992, 132-152면) 참조.

2 　구스타프 라드브루흐, 법률적 불법과 초법률적 법, 프랑크 잘리거, 라드브루흐공식과 법치국가, 부록1, 윤재왕 역, 2011, 153면.

사실이다.[3] 마치 민주주의라는 개념이 자유, 평등, 사회, 인민 등의 이름과 짝하여 한마디로 단언하기 어려운 것과 흡사하다. 그럼에도 불구하고 정의는 아무 내용이나 주워 담아도 되는 무색무취의 개념이 아니다. 우리가 역사적으로 쟁취하여 온 헌법질서에 비추어서 그 헌법과 체계적인 정합성을 갖는 의미내용을 담고 있는 것이다.

그러므로 정의라는 이름을 핑계 삼아 불명확한 자연법의 관념을 현행법의 손을 빌려 구현하려는 유혹에 빠져서 안 된다는 주장은 언제나 법적 안정성의 중요성을 강조할 필요에다 그 근거를 둔다. 누구든지 국가기관에 법적 청구를 하거나 또는 법을 위반하여 쟁송을 당하였을 때, 그는 먼저 자신의 쟁송사안에 관련하여 행위당시 문제된 법이 무엇인지, 그 법상태가 어떠한지를 알 수 있어야 하고, 그 결과를 예견할 수 있는 처지에 있어야 한다.

물론 이 세상 어느 곳에서나 법질서에 흠이 있을 수 있고 불확실성도 있다. 하지만 법치국가라면 그 경향만은 법에 붙어 있는 이 불안전 요소를 가능한 한 축소하거나 삼가 함으로써, 의심스러운 때에는 개인의 자유에 유리한 방향(in dubio pro reo; nullum crimen sine lege; nulla poena sine lege; nulla poena sina culpa etc.)으로 나가야 한다. 결코 윤리나 감정에서 도출된 어떤 자연법류의 새로운 법원(法源)을 증대시켜서는 안 된다.[4]

사법(司法)의 목표는 정의의 실현에 이르는 것이다. 그러나 법질서를 불안정하게 만들면서 정의를 실현한다는 것은 언어도단이다. 법의 원칙에 반하는 법규범, 법적 성격이 불분명한 법규범에 정의를 얽어매어서는 안 된다는 것이 오히려 실질적 정의의 요구인 것이다. 왜냐하면 법의 최상위의 목표는 인간의 존엄과 자유의 보호와 보장에 있기 때문

---

3   김일수, 한국의 법치주의와 정의의 문제, 미래한국재단 연구보고서 18-02, 2019, 66
     면 이하 참조.

4   E.Riezler, Der totgesagte Positivismus, in: W.Maihofer(Hrsg), Nr od Rp?, 1972,
     S250f.

이다. 어느 누구도 현재 허용된 행위 또는 부작위 때문에 사후에 소급적인 법률을 근거로 책임을 지게 된다면, 그것은 단지 법적 안정성의 요구에 반하는 것이 아니라 실체적 정의의 요구에도 반하는 것이다.[5] 자신의 후기법철학에서 법적 안정성 그 자체가 정의의 일부임을 밝힌 라드브루흐의 견해를 여기에서 다시 거론하지 않더라도, 법적 안정성과 정의 두 원칙은 서로 대립되는 것이 아니라 선한 법, 좋은 법으로서 '사랑의 법'을 이루어 가는 데 서로 보완적인 자리에 있다는 점을 염두에 둘 때 더더욱 그러한 것이다.

극단적인 경우라 하더라도 정의를 법적 안정성보다 우위에 두거나 자연법을 실정법에 원칙적으로 우위에 두는 것으로는 법 내부의 이 같은 충돌을 해소할 수 없다.[6] 특히 소급입법의 정당성을 자연법적으로 근거 지음으로써 문제를 해결하려는 시도는 오늘날 보편적인 지성의 관점에서 볼 때 온당해 보이지 않는다. 혹자는 소급효를 근거 짓는 주장으로 자연법적 관념에 따를 때, 벌써 어떤 불법은 법률이 그것을 범죄화하기 전부터 이미 중대한 불법이었고 또 불법으로 인식되었으므로, 그 후의 소급입법은 근본적으로 새로운 것이 아니고, 자연법적으로 근거 지어진 법 상태를 고려한 것이라고 말하기도 한다.[7] 그러나 여기에서 간과하고 있는 것은 소급입법 자체가 가벌성을 창설하기 위한 하나의 법 상태를 사후에 비로소 만든 것이고, 행위 시에는 존재하지도 않았고, 예상할 수도 없었던 범죄와 형벌이 사후에 소급적으로 창설되었다는 사실이다. 마치 물 흐르듯 쉬지 않고 지나가는 시간을 법률에 의해 역류시키는 현상은 인간의 존엄과 자유에 기반을 둔 자연법적 관점에서 보아서도 무엇인가 부자연스럽고 비정상적인 것으로 간주될 수밖에 없다는 점이다.

더군다나 법치국가에서 자연법적 정의를 내세워 소급입법을 한다

---

5 Ebd., S.251f.
6 사면 같은 제도를 활용하든가 법적 해결보다 정치적, 역사적 해결방도가 더 현명할 수 있다.
7 프랑크 잘리거, 전게서, 171면 이하 참조.

면 혹자는 불법국가에서 실정법적 권력을 내세워 소급입법을 한 것과 실제 다를 게 무엇인가 의문시할 수 있을 것이다. 현대사회에서 자연법적 정의란 추상적인 이성법적 정의가 아니라 바로 구체적 · 현실적인 인간의 존엄성 보장과 인권과 기본권을 법적으로 그리고 특히 절차적으로 보장하는 데 집약되어 있다고 보기 때문이다. 그러므로 이 문제는 정의의 이름으로 어느 행위가 도덕적으로 승인될 수 없는 행위인가 하는 문제로 제기되어서는 안 되며, 오히려 그 행위가 인간의 존엄과 자유를 실현하고 보장하는 현행법과 충돌하고 있는가의 문제로 제기되어야 옳다. 왜냐하면 소급입법 · 소급효금지문제는 해당 행위가 도덕적인 차원과 밀접하게 맞닿아 있는 당벌성(當罰性)의 문제가 아니라 도리어 현행법률규범을 침해하거나 위반한 가벌성(可罰性)의 문제와 직접 관련되어있기 때문이다.[8]

또 하나 이 주제와 뗄 수 없이 밀접하게 관련된 주제는 법질서에 있어서 시간과 정의의 문제이다. 법과 존재의 문제는 앞에서 언급한 선행연구의 범위 안에서 자연법론과 법실증주의, 법의 역사성 및 법의 본질적 내용을 보존하기 위한 새로운 논의를 다루는 장을 통해 어느 정도 다루어졌다고 생각한다. 하지만 법과 시간의 문제, 즉 정의의 시간적 차원은 여러 군데서 간헐적으로 언급했을 뿐, 별도의 장에서 체계적으로 다루지 못했다. 우리는 과거청산과 관련하여 "너무 때에 늦은 정의는 정의가 아니다."라는 말을 비교적 자주 들어왔다.

그러나 헌정사상 초유의 대통령탄핵을 경험하면서 "너무 이른 정의도 정의가 아니다."라는 명제에 대해서는 깊이 생각해 볼 기회가 없었다. 법치주의의 실현에서 양자는 똑같은 무게를 안고 있는 현실적으로 중요한 문제라고 생각한다. 혁명적 욕망이 광장의 정치를 지배할 때엔 법치주의의 확립된 원칙들을 무시하기 쉽다. 사법절차에서 아직 실체적 진실과 정의가 그 윤곽을 드러내기도 전에 운동권에서 쏟아내는 광기에

---

8   E.Riezler, a.a.O., S.248.

찬 자기표현들 때문이다. 그리고 또한 적법절차를 걸쳐 신중하게 접근해야 할 사법적 정의에 대해, 사법권의 독립을 훼손할 만큼 정치권으로부터 쏟아지는 막무가내식 자기주장들 때문이기도 하다. 이 같은 사법 외적인 행태는 심대하게 사법에 나쁜 영향을 미칠 만한 정도여서, 법치주의를 뒤흔드는 너무 빠른 예단, 사려 깊지 못한 결과를 가져올 수 있다.[9] 이런 분위기의 일상화는 바로 법치주의와 자유주의에 대한 위기를 심화시킬 수 있다.

　　법과 시간의 문제는 이처럼 중요한 문제임에도 불구하고, 앞서 언급한 선행연구에서는 법의 역사성 문제, 법과 이데올로기 문제에서 그리고 5.18특별법을 둘러싼 소급입법의 문제를 다루면서 듬성듬성 지나가는 정도에 머물렀다. 이번 연구주제는 형법상 죄형법정원칙의 틀 안에서 특히 소급입법의 문제를 중점으로 다루는 기회인만큼, 법과 시간의 문제를 별도로 깊이 있게 천착함으로써, 소급입법금지의 법철학적, 법윤리적 당위성의 토대를 더욱 튼튼히 할 수 있는 기회가 될 것으로 기대한다.

9　https://www.seoul.co.kr/news/newsView.php?id=20170403027007& wlog_tag3= daum.

형법에 대한 법치국가적 제한원칙들

　　형법의 임무와 목적은 한마디로 말해서, 법익보호를 통한 평화로운 공동생활의 질서 확립이다. 이를 위하여 형법은 먼저 보호할 가치가 있는 기본적인 법익들을 정선하고, 이를 위해(危害)하는 행위들을 사회유해적인 범죄행위로 사전에 미리 실정 형법에 정한다. 이것은 형법 각칙 내지 특별형법규정상 명시적으로 열거된 구체적인 개별범죄의 성립에 필요한 구성요건에 해당한다. 하지만 그 구성요건은 규범론의 형식에 따라 금지 또는 명령규범의 코드로 읽게끔 되어있다. 그러므로 형법상 범죄행위는 법익위해행위이자 또한 규범위반행위인 셈이다. 이 형법규범위반행위, 즉 범죄행위에 대해서는 법정형으로 정해진 형사제재가 예고되어 있다. 이 형사제재는 민사법과 행정법분야의 제재와 근본적인 성격을 달리하는 것으로서 사회윤리적인 비난 내지 부정적 낙인이 뒤따르게 마련이다.

　　그리하여 아무리 사회적으로 존경받던 명사라도 한번 범죄인으로 처벌받게 되면 그동안 그가 쌓아왔던 모든 명예와 자유, 재산에 심대한 타격이 가해질 뿐만 아니라 극단적인 경우에는 생명을 박탈당하는 경우도 없지 않다. 이런 의미에서 형사제재는 다른 법 분야의 제재와 비교할 수 없을 정도로 인간의 실존을 파괴할 만큼 영향력이 강한 것이다. 또한 그렇기 때문에 형법질서에서는 형사입법, 형사재판, 형벌 또는 보안처분 집행 등 형법실현의 전 과정에 걸쳐 다른 법 분야에서 볼 수 없는 각가지 형법실현을 제한하는 원칙과 규정들을 두고 있는 게 사실이다. 만일 이처럼 강열한 파괴력을 지닌 형법을 일정한 한계 안에 제한하지 않는다면 개인의 자유와 안전은 국가 형벌권을 휘두르는 국가권력 앞에 마치 맹수 앞에선 양처럼 무방비상태에 놓인다 말하지 않을 수 없다. 그렇게 된다면 형법은 사회질서안정의 역할은 고사하고, 도리어 무시무시한 '레비아탄 국가'에게 공포의 무기를 들려준 것이나 다름없을 것이다.

　　형법을 둘러싸고 있는 각종 제한원칙의 촘촘한 그물망은 일찍이 자유법치국가의 이념과 함께 발전해 온 것들로서 이를 '형법에 대한 법치국가적 제한'이라고 부른다.[10] 이러한 제한원칙들은 영국의 대헌장(magna carta) 같은 고전적인 인권문서들에 의해 법사(法史)적으로 뿌리내린 법문화의 일부로서, 일반적으로 승인된 형법문화의 유산이라 말해도 지나침이 없을 것이다. 그러나 오늘날 이러한 형법제한원칙들은 이미 법치국가 이념의 틀 안에서 법질서의 최상위에 위치한 헌법 안에 명문규정의 형식으로 분명하게 자리를 잡았거나 설령 그렇지 않다 하더라도 헌법적 규범으로 평가할 수 있는 수준에까지 이른 것들이다. 이는 형법도 헌법의 구체화규범이라는 이미 잘 알려진 법 명제에 비추어 볼 때 너무나 자명한 원리라 하겠다. 영미법권의 형법학자들도 형법에 대한 헌법적 제한의 일반적인 원칙으로서 대체로 다음 몇 가지를 든다. 즉, ① 권력분립원칙에 의한 제한, ② 평등권보장에 의한 제한, ③ 실체적인 적법절차(substantive due process of law)에 의한 제한, ④ 기본적인 자유권에 의한 제한 등의 원칙 같은 것이다.[11]

　　이미 널리 알려진 바와 같이 우리 헌법상 법치국가의 개념에는 형식적·실질적 법치국가라는 두 종류가 있다. 헌법의 기본원리 중 하나인 법치국가는 물론 형식적 법치국가일 뿐만 아니라 실질적 법치국가이기도 한 것이다.[12] 그러므로 형식적 법치국가이념과 실질적 법치국가이념은 국민 각 사람을 위한 법의 최종적인 목표실현에 변증론적으로 통

10　김일수, 한국형법 I, 개정판, 1996, 172면.
11　LaFave/Scott. Criminal Law. 8th reprint, 1985. p.127.
12　콘라드 헤세, 헌법의 기초이론, 계희열 역, 2001, 131면.

합하는 방향으로 고찰해야 함은 두말할 것도 없다.[13]

첫째, 형식적인 의미의 법치국가는 법적 안정성을 이념으로 하고, 국가권력의 남용으로부터 개인의 자유와 안전을 보장하려는 것을 뜻한다. 형법과 관련하여 형식적 법치국가가 갖는 의미는 ① 성문법 우위와 국민의 권리제한은 반드시 법률로 정해야 한다는 이른바 법률유보의 원칙 ② 범죄와 형벌은 반드시 사전에 미리 제정된 법률에 의해 처리되어야 한다는 요구를 내포하는 죄형법정의 원칙(Gesetzlichkeitsprinzip), ③ 그 법률의 형식과 내용은 또한 구체적이고 명확해야 한다는 법률 명확성의 원칙, ④ 소급효금지의 원칙, 유추적용금지의 원칙, ⑤ 법률에 따른 법관의 재판에 의한 형의 확정과 집행의 원칙 등을 구체적인 내용으로 삼는다.[14]

둘째, 실질적 의미의 법치국가 개념은 인간의 존엄 및 자유와 평등을 구체적인 법률을 통해 구체적으로 형성함으로써 국가의 목적이 실질적으로 인권과 정의의 이념에 합당한 질서를 확립하는 데 적극적으로 봉사하는 그런 국가를 말한다. 실질적 법치국가원리는 형법질서와 관련하여 ① 개인의 행동의 자유를 최대한 존중하는 방향에서, 사회의 안전에 필요한 최소한도의 형벌권행사의 원칙(필요 없이 형벌 없다), ② 잔인하거나 가혹한 형벌배제의 원칙, ③ 책임원칙(불법 없이 형벌 없고, 책임 없이 형벌 없다), ④ 평등의 원칙(과잉금지, 과소금지), ⑤ 자의적·감정적인 판결금지의 원칙, ⑥ 형법의 내용적 적정성과 형사소송절차의 공정성을 위한 적법절차의 원칙, ⑦ 전과자라는 사실로 인한 사회적 차별대우금지의 원칙 등을 구체적인 내용으로 삼는다.[15]

형법에 대한 여러 법치국가적 제한원리 중 특히 강조되는 것은 인간의 존엄성보장, 적법절차의 원칙, 평등의 원칙, 죄형법정원칙, 책임원칙, 비례성의 원칙이다. 여기에서 인간의 존엄성보장, 적법절차의 원칙,

---

13   김일수/서보학, 형법총론, 제13판, 2018, 56면.
14   K.Hesse, Grundzüge des Verfassungsrechts der BRD, 20.Aufl., 1995, S.77f., 195f.
15   H.H.Jescheck, AT, 4.Aufl., 1988, S.22.

평등의 원칙, 책임원칙, 비례성의 원칙은 실질적 법치국가 개념으로부터 요구되는 형법의 기본원칙인 반면, 죄형법정원칙은 형식적 법치국가 개념에 터 잡고 있는 형법의 기본원칙이다.[16]

　　인간의 존엄성은 인간에게 고유한 인격성의 윤리적 자기발전과 자기보존의 포기할 수 없는 실존조건을 말한다. 여기에서는 인간이 자유롭고 평등한 인격적 주체인가 아니면 다른 동식물과 같은 하나의 객체 내지 대상물인가가 문제된다. 인간을 더 이상 인간으로서 실존할 수 없는 고립무원의 억압과 공포의 한계상황에 몰아넣고 조직적 폭력의 지배에 굴종하게 만드는 모든 정치·경제적 상황은 인간의 존엄을 직접 침해하는 무법상황이다. 때로는 국가공권력, 특히 국가형벌권이 이러한 폭력으로 전락할 수 있음을 우리는 그리 멀지 않은 인류의 역사에서 직·간접적으로 경험한 바이다. 다시금 형법의 법치국가적 한계의 맨 앞에 인간의 존엄성보장요구를 자리매김하는 중대한 의미가 여기에 있는 것이다.[17]

　　그러므로 인간의 존엄성에 대한 존중과 적극적인 보호 요청은 형사입법, 형법해석과 적용, 그리고 형사제재의 집행에 이르는 전 영역에서 존엄성의 주체인 개인의 자유와 안전을 위해 헌법의 힘으로써 형법을 강력히 제약한다. 다시 말해서 명시적인 법률에 근거하지 아니한 자의적인 국가권력에 의한 시민의 자유박탈이나 인권침해적인 악법의 제정을 통한 시민의 자유제한의 금지, 잔인한 형벌·비인간적인 형벌 내지 사형과 같은 극형의 폐지, 개인의 안전을 국가 또는 사회 전체의 이익을 위해 과도하게 희생하도록 강요하는 행위의 금지, 불법과 무관하고 책임질 일이 없는 행위에 대한 처벌금지 등이 바로 인간의 존엄성이라는 법질서 최고의 근본규범에서 나오는 법치국가적인 요청인 것이다.[18]

16　김일수, 한국형법 I , 172면.

17　I.S.Kim, Die Bedeutung der Menschenwürde im Strafrecht, Disser.München, 1983, S.275ff.

18　김일수, 전게서, 173면.

실체적인 적법절차의 원칙은 법률에 정한 공정한 절차라는 의미(헌법 제12조 1항) 외에 그 법률의 실체적 내용이 또한 적정하여야 함을 말한다. 여기에서 말하는 적정한 법률이란 현실적으로 효력을 지닌 법이라기보다 마땅히 있어야 할 올바른 법(richtiges Recht), 즉 현실의 구체적인 규율대상에게 최소한의 희생이 돌아갈 수 있도록 균형을 갖춘 올바른 내용을 지닌 법이어야 한다는 데 무게중심이 놓여 있는 것이다.[19] 또한 형법이 적정하다 함은 구체적인 내용이 사회질서를 위해 필요한 최소한의 것으로서 마땅히 형법으로 규율해야 할 합리적 이유가 있고, 형평과 정의의 이념에 합치할 뿐만 아니라 궁극적으로 인간의 존엄과 가치의 존중·보호요청에 합치하는 것을 뜻한다.

그 밖에도 형사제재 중 특히 형벌에 대한 법치국가적 제한원리로서는 책임원칙(책임 없이 범죄 없고, 책임상한선을 넘어가는 처벌 없다)과 보안처분에 대한 제한원리로서 비례성의 원칙도 실질적 법치국가에서 오는 제한원리임은 앞에서 언급한 바 있다. 그러나 여기에서 특히 중점적으로 다루고자 하는 주제는 죄형법정원칙이다. 죄형법정원칙은 형식적 법치국가의 산물이지만, 법 이념적으로는 법적 안정성(Rechtssicherheit)과 밀접한 관련을 갖는다.

서양법사에서 계몽기 이전, 합목적성이 우월적으로 지배하던 절대주의적 경찰국가시대에는 모든 국가 활동이 공공의 이익이라는 미명하에 행정목적 적합성과 경찰 친화적 성격이 강했다. 법질서도 이 같은 합목적성의 지배하에 놓였던 것이다. 법적 안정성이나 정의이념은 뒷전으로 밀려나 있었다.

근대 계몽기에 접어들면서 정치적으로 주된 목적은 국가의 전횡에 대항하여 시민의 안전과 생명·재산을 보호하는 것이었다. 그 방안의 하나로 법적 안정성이 전면으로 부상했다. 시민의 자유는 기속되지 않고 자의적인 국가기관으로부터의 자유라는 인식이 팽배했기 때문이었

---

19   H.Henkel, Rechtsphilosophie, 2.Aufl., 1977, S.532.

다. 국가기관의 무절제한 권력행사를 통제하는 길은 곧 미리 정해진 법률에 따라 국가권력을 적정하게 행사하도록 하는 것이었다. 형법질서에서 소위 형법의 정형화(Formalisierung) 요구가 바로 그것이었다. 법률이 정한 요건과 절차에 따라 공권력이 행사될 때 비로소 법적 안정성은 물론, 범죄구성요건의 확정성과 명료성 및 그에 상응한 형사제재의 예측 가능성 등이 모두 가시적인 범위 안으로 들어올 수 있었기 때문이다.

계몽기에 뒤이은 법실증주의 시기에도 법적 안정성의 요구는 국가 작용과 법질서의 전면에 놓인 우선적인 과제였다. 자유주의적 법치국가의 정치적 착안점은 국가시민에게 보다 안전한 법적 지위를 보장해 주는 데 있었으므로, 법적 안정성 이념의 중요성은 아무리 강조해도 지나침이 없을 정도였다. 그리하여 법체계를 개념적으로 명확하고, 논리적으로 분명하게 해석할 수 있는 법 규정들의 집합체로 구성하고, 더 나아가 법전(法典)체계를 갖추려는 당시의 위대한 노력들이 다 이 같은 법적 안정성의 요구에 상응하는 것이었다.

지난 20세기 초부터 법질서에서 법률실증주의에 대한 반대운동이 활발하게 일어났음은 주지의 사실이다. '법률에 반대하는 법의 투쟁'선언은 특히 실체적 정의를 확신하고 고백하는 일련의 자연법론자들에 의해 주도적으로 수행되었다. "법률은 법률이다"라는 법률실증주의의 도그마에 맞서 법이론과 법실무에서 정의의 가치를 법의 우월한 지도 원리로 삼고 그것을 개별적인 사안에서 실현하려 했던 자유법운동도 한때 이 조류를 형성하는 데 기여했다.[20]

법률실증주의의 극단적인 병폐를 보여 준 나치와 당시의 군국주의·전체주의 국가가 패망하고 난 뒤, 인도주의정신에서 새롭게 출발한 세계 제2차 대전 종료 후 신생국가들의 법질서는 대체로 법적 안정성보다 실체적 정의이념 우위 속에서 과거를 청산하기도 했다. 그러나 법이념 내부의 긴장과 갈등상황은 이러한 방식으로 쉽게 진정될 수 없는 복

---

20   H.Henkel. a.a.O., S.448.

합성을 안고 있음을 간과해서는 안 될 것이다. 더군다나 어느 법이념 하나의 우월성 명제는 예측하기 어려운 정치적인 헤게모니의 변동기에 급변하는 정치적인 지형에 따른 법의 종속화를 심화시키는 경향이 있다. 흔히 보아 온 정의이념의 선택과 그에 대한 우위성 인정의 일면성, 편의성은 오히려 법에 대한 국가시민의 신뢰를 무너뜨리고, 결과적으로는 법적 안정성을 해칠 위험도 없지 않다. 확립된 제도와 원칙이 가져다주는 신뢰와 안정성의 법 가치를 특히 형법질서에서 과소평가해서는 안 된다는 주장의 근거를 우리는 바로 여기에서 찾을 수 있는 것이다.

죄형법정원칙의 의미내용

1. 본래의 의미

(1) 법률 없이 범죄 없다(nullum crimen sine lege)

이 원칙은 어떤 행위가 비난의 대상이 될 만큼 사회적으로 매우 유해하더라도 국가는 그것이 법률상 사전에 범죄로 명백히 공표되어 있을 때에만 형사제재의 근거로 삼을 수 있다는 것이다.

예컨대 1953년 우리형법 제정 당시엔 자판기 같은 시설물이 없었다. 그러나 오늘날 공중의 편익을 도모하고 판매 인력을 절감하는 차원에서 도처에 편의시설로 자판기가 들어섰다. 그에 따라 부정사용의 예도 증가하여 자동설비의 사회적 기능을 안전하게 보호하기 위해서 그에 대한 부정이용행위를 처벌할 필요가 높아졌다. 물론 자동설비 중 자판기를 부정 이용하여 재물을 취득한 경우에는 절도죄로 처벌할 수 있지만, 일반적으로 피해액이 적고 범정이 가벼우므로 절도죄의 형을 과하는 것은 가혹한 점이 없지 않다. 반면 공중전화나 모사전송(Fax)과 같이 편익을 제공하는 데 불과한 경우에는 객체가 재물이 아니고 또 기계는 착오를 일으킬 수 없기 때문에 절도죄나 사기죄의 어느 쪽도 성립할 여지가 없다. 이 같은 사각지대를 예방하기 위해 1994년 개정형법은 편의시설부정이용죄(제348조의2)를 신설했다. 그러나 이 죄형법규가 시행된다 하더라도 그 이후에 일어난 자동설비부정사용행위자만 처벌할 수 있지, 그 이전의 행위자는 혹 이 규정을 신설하는 계기를 유발한 장본인이라 하더라도 이 원칙의 보호를 받아 처벌받지 않는다.

따라서 이 원칙은 때로는 지능적 악한들이 법망을 뚫고 빠져나가는 것을 허용하기도 한다. 이런 의미에서 지난 세기 가장 위대한 형사정책가로 인정받는 프란츠 폰 리스트(Franz von Liszt)는 본래 범죄투쟁의 수단인 형법전을 "범죄인의 대헌장"이라고 불렀던 것이다. 일찍이 영국의 '자유의 대헌장'(magna carta libertatum, 1215)이 국가권력의 자의적 행사로부터 개인을 보호했던 것처럼 형법전이 시민을, 심지어는 고등사기한까지도 행위 이전에 가벌성이 법전에 명기되지 아니한 경우에는 처벌로부터 자유롭게 해 준다. 이처럼 실정법으로 만들어진 형법만이 형법적으로 규율해야 할 생활영역과 형법으로부터 자유로운 생활영역을 가르는 결정적인 한계표지가 된다. 이 때문에 간혹 지극히 간교하고 사회적으로 지탄받아 마땅한 자가 처벌받지 못하게 되는 경우도 종종 생기게 마련이다. 왜냐하면 아무리 최선의 노력을 다한 법률이라도 사람의 머리와 손으로 만든 이상 규율대상에서 빠진 반사회적 행위가 생길 수 있기 때문이다. 형법이 한 인간의 삶에 미칠 수 있는 사회윤리적인 비난성의 강도를 고려할 때, 완벽하기보다 오히려 절제되고 단편적인 성격을 지닌 형법이 자유법치국가의 이념에 비추어 볼 때 형법 정책적으로 다행한 것이라고 할 수 있다. 이것은 또한 형사입법자가 법적 안정성, 즉 국가권력의 개입에 대한 국가시민의 예견가능성을 위하여 치르지 않으면 안 되는 대가이기도 한 때문이다.

이런 의미에서 우리 헌법 제13조 제1항은 "모든 국민은 행위 시의 법률에 의하여 범죄를 구성하지 아니하는 행위로 소추되지 아니한다"고 규정하여 이 원칙을 천명하고 있고, 형법 제1조 제1항도 "범죄의 성립은 행위 시의 법률에 의한다"고 규정하여, 직접적으로는 형법의 시간적 적용에 관한 행위시법원칙을 나타내고 있으나, 이 행위시법의 적용범위 안에서 "법률 없이 범죄 없다"는 원칙을 함께 내포하고 있는 것이다.

(2) 법률 없이 형벌 없다(nulla poena sine lege)

이 원칙은 가벌성뿐만 아니라 형의 종류와 정도도 범죄행위 이전에 법률로 확정되어 있어야 한다는 것을 뜻한다. 예컨대 강도상해(제337조)나 강도강간(제339조)과 같은 중범죄가 속출하거나 급증할 상황이라면 입법자는 항상 일반여론으로부터 이러한 범죄에 대해 더욱 효과적으로 대처·투쟁하기 위해 사형과 같은 극형을 도입해야 한다는 요청을 받게 된다. 이들 범죄에는 최고형이 무기징역으로 되어 있으므로 형법을 개정하여 이 같은 범죄에 사형을 부가하거나 형사특별법을 제정하여 가중처벌의 형식으로 사형을 과하는 방법이 고려될 수도 있다.[21] 그러나 이러한 형벌가중규정도 "법률 없이 형벌 없다"는 원칙에 따라 장래를 향해서만 효력을 갖는 것이지, 이 규정의 신설 내지 변경 이전에 행해진 범죄에 대해서까지 적용할 수 있는 건 아니다.

이 원칙은 이처럼 형벌의 종류와 정도는 법률의 형식을 빌리더라도 사후에 그 법률제정 이전의 시기로 소급해서 적용할 수 있게 해서는 안 된다는 점을 분명히 한다. 따라서 입법자는 행위자에게 불리한 형법가중을 사후적으로 소급입법해서는 안 되며, 법관은 그런 법률규정을 행위자에게 불리하게 소급적용해서도 안 된다. 모든 형벌가중규정은 오직 그 법률발효 이후에 저질러진 행위에 대해서 적용할 수 있는 것이다. 법치국가적으로 보장된 행위자의 법적 안정성에 대한 신뢰를 무너뜨려서는 안 되기 때문이다. 이러한 제도적 보장 덕분에 혹 범행을 예비하거나 실행단계에 이른 자도 최악의 경우에 자신이 받을 죗값이 얼마만큼이나 되는지를 미리 예상하고 계산할 수 있을 것이다.

이런 의미에서 우리 헌법 제12조 제1항은 "누구든지 … 법률과 적법한 절차에 의하지 아니하고는 처벌·보안처분 … 을 받지 아니한다"

---

21 실제 우리나라의 「특정범죄가중처벌 등에 관한 법률」, 「특정강력범죄의 처벌에 관한 특례법」에서는 이른바 엄벌주의(punitivism)에 입각한 형벌가중 경향이 고스란히 남아 있다.

고 하여 이 원칙을 분명히 밝히고 있고, 형법 제1조 제1항도 "범죄의 …
처벌은 행위 시의 법률에 의한다"고 규정하여 이 원칙을 다시 한 번 더
구체적으로 분명히 하고 있다.

2. 연 혁

죄형법정원칙은 원래 절대왕권국가권력의 자의적인 횡포로부터 신
민(臣民)의 자유와 안전을 보장받기 위한 백성들의 투쟁의 산물이었다.
이 원칙의 기원을 흔히 1215년 영국 John왕의 대헌장(magna carta)에서
찾는다. 대헌장(大憲章) 제39조에 "자유인은 합법적 재판에 의하거나 국
법에 의하지 아니하고는 체포, 감금, 압수, 법외방치 또는 추방을 당하거
나 그 외 방법으로 침해받지 않는다"고 규정되어 있기 때문이다. 그러나
대헌장의 전체 취지는 단지 귀족·성직자·도시자유인들은 그들의 신
분계급에서 나온 법관에 의한 재판을 통해서만 처벌 등 불이익을 받을
수 있다는 소송 절차적 보장을 내용으로 삼는 것이지, 절대국가권력을
법률에 의해 엄격히 제한한다는 취지는 아니다. 따라서 이 인권문서를
죄형법정원칙의 기원으로 볼 수 있는지에 대해서는 의문의 여지가 없지
않다.[22]

근대법치국가의 기본원칙으로서 의미를 지니는 죄형법정원칙은
16세기 독일의 과격한 종교개혁가요 당시 독일농민전쟁을 이끌었던 지
도자 토마스 뮌처(Thomas Münzer)가 1525년 농민전쟁 중에 공표한 바 있
는 이른바 '농민의 12개 요구조항'(zwölf Artikeln der Bauern) 제9조에 나오
는 다음과 같은 문언에서 처음 발견된다는 것이다.[23] "농민들은 권력의
자의적인 호의나 비호의에 의해 처벌받지 않으며, 오직 성문화된 법률

---

[22] 이것을 죄형법정원칙의 기원으로 보는 견해로는 정영석, 형법총론, 제5전정판,
1983, 53면; 김종원, 「죄형법정원칙」, 고시계 1972.4, 32면; 반대 입장으로는 이재
상, 형법신강(총론 I), 1984, 10면; 김일수, 전게서, 176면; H.H. Jescheck, a.a.O.,
S.103.

[23] P.Noll, Strafrecht AT, 1981, S.40.

에 따라서만 처벌받는다"는 조항이 그것이다. 이 정신이 그 후 계몽사조를 통해 정치적·사상적으로 성숙되었다가 입법으로 구현된 것이 1776년 미국 버지니아(Virginia)주와 메릴랜드(Maryland)주 헌법에서였고, 그 후 1787년 요셉2세(Joseph II)의 오스트리아 형법전에까지 구체적으로 명시되었다는 것이다.

오늘날과 같은 죄형법정원칙 문언의 전형적인 공식, 즉 "법률 없이 범죄 없고, 법률 없이 형벌도 없다"(nullum crimen sine lege, nulla poena sine lege)는 공식의 형태로는 1789년 프랑스 인권선언 제8조에서 발견된다. 뒤이어 1794년 프로이센 프리드리히(Friedrich) 대제가 제정한 프로이센 일반국법(PAL)에 명문화되었고, 1813년 포이어바흐(von Feuerbach)가 기초한 바이에른(Bayern) 형법초안에 더욱 선명하고 간결하게 명시되었다.

오늘날에는 구소련과 그의 영향 아래 있던 동구권의 구사회주의 국가형법까지도 이 원칙을 인정하였고, 1948년 12월 10일 UN의 일반 인권선언 제11조 및 1950년 11월 4일 유럽 인권협약 제7조 제1항에도 천명되어 있는 등 이제 죄형법정원칙은 인류공동의 법문화유산임이 충분히 입증된 셈이다.[24]

북한 형법은 1948년 9월 8일 제정·공포·실시되었다. 이 형법전 제9조는 "범죄적 행위로서 그에 직접 해당하는 규정이 본법에 없는 것에 대하여는본법 중 그 중요성과 종류에 있어서 가장 비슷한 죄에 관한 조항에 준거하여 그 책임의 기초와 범죄 및 형벌을 정한다"고 규정함으로써 유추적용의 일반적 허용을 가능하게 하였다. 이것이 1922년 구소련 형법 제10조나 1926년 스탈린형법 제16조에 있던 공산주의 혁명기의 형법원리를 모방한 것이지만, 전근대적이요 법치이념에 반한다는 점은 두말할 필요도 없다. 오히려 죄형법정원칙을 부르주아 형법의 잔재라고까지 비판했던 북한형법이론은 1975년 2월 1일자 제1차 형법개정 시에도 여전히 유추제도를 고수하였고(제15조), 1987년 2월 5일자 제2차 형법개

---

24 H.H.Jescheck, a.a.O., S.105; V.Krey, Keine Strafe ohne Gesetz, 1983, S.103f.

정에서도 범죄와의 투쟁을 남김없이 진행하기 위한 당의 형사정책적 요구로부터 유추제도를 유지했으나(제10조), 그 후 중국형법개정작업의 영향을 받아 유추제도를 형법에서 폐지하였다.[25]

3. 네 가지 정신사적 뿌리

일찍이 죄형법정원칙은 합리적 계몽주의사상으로부터 출발하여 자유주의적 정치사상의 발달에 힘입어 구체적으로 발전해 왔다. 다시 말하자면 홉스(Hobbes)류의 법을 통한 지배자의 자기구속,[26] 로크(Locke)와 몽테스키외(Montesquieu) 이래의 권력분립이론, 포이어바흐(von Feuerbach)의 심리강제설에 기초한 일반예방사상, 자유 법치국가이념에 뿌리를 둔 책임원칙 등이 죄형법정원칙의 사상적 기초가 된다.[27] 두말할 것도 없이 여기서 정치적 자유주의와 권력분립이론은 국가법적 원리이고, 일반예방사상과 책임원칙은 형법에 특유한 원리이다.

(1) 정치적 자유주의

절대주의에 대항하여 일어난 근대 시민계층의 투쟁의 산물인 정치적 자유주의는 행정작용과 사법작용을 제정된 법률에 구속시켜야 할 것을 요구했다. 특히 개인의 권리를 제한하거나 의무를 부과하는 일은 반드시 법률에 정해진 대로 하지 않으면 안 된다는 것이다. 따라서 국가는 범죄를 다스릴 때에도 법률에 미리 정해 놓은 행위에 대해서만 그 행위자에게 책임을 물을 수 있다는 것이다. 지배자라고 해서 자기 마음에 들지 않는다고 시민을 함부로 처벌할 수 없도록 그의 형벌권은 형법의 제약을 받는다. 죄형법정원칙은 이처럼 정치적 자유주의의 영향에 힘입어

---

25   김일수, 「북한형법 40년」, 법 · 인간 · 인권, 제3판, 1996, 134면-173면 참조.
26   심재우, 「Hobbes의 죄형법정주의」, 고시계 1980.4. 참조.
27   클라우스 록신, 형법학입문, 강구진/장영민 공역, 1984, 46면 이하.

국가권력을 제한하고, 그 제한을 통하여 개인의 자유보장을 가능케 하는 제도로 확립된 것이다.[28]

(2) 권력분립과 민주주의

죄형법정원칙은 자유법치국가의 기본원리 중 하나인 권력분립과 민주주의 정신의 영향을 받아 확립될 수 있었다. 권력분립원칙은 국가권력이 상호견제와 균형을 취할 수 있도록 입법, 사법, 행정 3권을 분립시킴으로써, 절대주의 또는 전체주의 국가에서처럼 모든 권력이 한 사람 또는 한 집단에 집중되지 않게 하여 권력남용의 위험을 방지하려 한다. 국가형벌권도 두 권력, 즉 국민에 의해 선출되어 국민을 대표하는 입법권과 이와 독립된 사법권에 각각 형사입법과 형사재판을 분장시키고, 형법과 보안처분 등의 형사제재의 집행은 행정권의 관할하에 둠으로써, 3권을 한 몸에 지녔던 이른바 서양 중세의 관방재판이나 조선시대의 원님재판 같은 권력남용가능성을 최대한 억제하려는 것이다. 그 취지는 권력의 연원이 되는 국민의 자유를 최대한 보장하려는 데 있었다. 결과적으로 민주주의적 권력분립의 원칙도 죄형법정원칙의 확립에 기여하였다.

(3) 일반예방사상

죄형법정원칙이 형법상 기본원칙으로 확립되는 데 형법학적인 근거를 제공한 것은 근대형법의 아버지라고 지칭되기도 하는 포이어바흐(von Feuerbach)의 심리강제설이다. 그의 가설에 따르면, 잠재적 범죄인들이 범죄 실행으로 나가는 것을 막아 주는 심리결정 작용은 악행을 저

---

28 죄형법정주의는 정치사상사적으로는 자유주의·평등주의를, 법사상사적으로는 법치주의·법적 안정성을 근간으로 한다는 주장도 있다. 이에 관하여는 손해목, 「죄형법정주의」, 고시연구, 1987.1, 113면 참조.

지르고 싶어 하는 자가 자신의 행위가 처벌의 대상이고 그것에 가해질 제재가 별로 이롭지 못한 것임을 법률에서 읽어 깨달을 수 있는 경우에만 발생할 수 있다는 것이다. 왜냐하면 범죄인을 비롯한 인간은 자신의 행위가 가져 올 이해득실을 스스로 저울질할 수 있는 오성주체이기 때문이라는 것이다. 따라서 가벌성 및 그에 대한 제재의 종류와 정도가 사전에 상세히 법정되어 있지 않으면, 아무도 그의 행위가 가져올 결과에 관하여 예견조차 할 수 없으므로 내심적인 억지작용이 일어날 수 없다는 것이다.

물론 범죄를 저지르는 자는 흔히 자신의 범행이 발각되어 처벌되는 불행에까지 이르지 않으리라는 낙관적 전망으로 범죄에 임하기 때문에, 위에서 본 포이어바흐(v.Feuerbach)의 심리강제설은 오늘날 그 심리학적 기초의 당부에 관해 의문점이 없지 않은 게 사실이다. 하지만 그것이 갖고 있는 소극적 일반예방관점은 잠재적 범죄인들이 범죄를 저질러서 얻을 이익과 혹여 발각되어 처벌받을 불이익을 계산할 수 있을 정도로 죄형법규를 명확하게 제정해 둘 필요성을 강조함으로써 형법상 죄형법정원칙의 확립에 큰 영향을 끼친 점을 부인할 수 없다.

(4) 책임원칙

죄형법정원칙의 확립에 영향을 끼친 또 하나의 형법원리는 책임원칙이다.[29] 형법이론상 책임원칙은 다음과 같은 내용을 담고 있다. ① 책임은 모든 처벌의 전제와 근거가 된다. 책임 없이 형벌을 과할 수 없을 뿐 아니라 순수한 나쁜 결과만을 이유로 처벌해서도 안 된다. ② 책임원칙은 불법과 책임의 합치를 요구한다. 즉 불법만 있고 책임이 없는 경우 행위자를 처벌해서는 안 되며 불법의 정도에 못 미치는 책임에 대해서는 책임의 한도 내에서 처벌해야 한다. ③ 행위 시에 책임능력은 동시에

---

[29]   G.Dannecker, Zeitlicher Geltungsbereich, in:Hilgendorf/Kudlich/Valerius(Hg.), Handbuch des Strafrechts, Bd.2(AT Ⅰ), 2020, §30 Rn.2.

존재해야 한다. 책임능력이 있는 자만 규범의 금지 또는 명령하는 소리에 귀를 기울여 행위할 수 있기 때문이다. ④ 책임은 양형의 기초가 된다. 즉 양형의 기초로서 책임이 형벌의 부과 여부와 정도에 관한 기준을 제시한다.[30]

　　원래 "책임 없이 형벌 없다"는 책임원칙은 자유주의적 헌법의 결단으로서 국가형벌권을 제한하는 원리였다. 어떤 행위자가 유책하려면 어느 행위가 형법상 금지되어 있음을 알았거나 적어도 형법전(刑法典)을 한번 들춰 보면 알 수 있을 정도여야 한다. 이런 맥락에서 보면 형법상 가벌성은 범행 이전에 미리 법률로 확정되어 있어야 한다는 것을 전제한다. 그런데 만일 처벌될 행위가 사전에 미리 법률로 확정되어 있지 않으면 행위자에 대하여 그의 행위를 근거로 아무런 비난도 가할 수 없는 것이다. 행위자 자신이 그의 행위의 금지·허용 여부를 알 수 없었기 때문이다. 따라서 책임원칙은 개인의 자유를 보장하는 보루로서 죄형법정원칙을 필요로 할 뿐만 아니라 요청하고 있는 것이다.

4. 실천적 기능

　　이러한 정신사적 뿌리에서 출발하여 점진적으로 발전해 온 죄형법정원칙은 현대에 이르러 다음과 같은 두 가지 실천적 기능을 갖게 되었다. 즉 인권보장기능과 적극적 일반예방기능이다.

(1) 개인의 자유·안전보장의 기능

　　국가의 임무와 기능에서 개인의 자유와 안전의 보장을 최우선 순위에 두는 것이 자유법치국가의 가치관이다. 전체주의와 독재체제의 국가관을 극복한 자유민주주의 국가들은 헌법적 국가질서원리가 사회적 법

30　김일수/서보학, 새로쓴 형법총론, 제13판, 2018, 56면 이하 참조.

치국가 · 복지국가 · 문화국가 등을 표방한다 할지라도 이 가치관을 출발과 목표로 삼는 점에 아무 변동이 없다. 인간이 국가를 위해 존재하는 것이 아니라 국가가 인간을 위해 존재한다는 원리는 인간의 존엄과 가치의 실현을 최우선과제로 삼는 모든 국가의 기본질서에 해당하기 때문이다.

개인의 자유와 안전을 국가의 형벌권남용으로부터 보장해야 할 필요성은 자유법치국가의 헌법질서로부터 직접 도출되는 당연한 요청이다. 이를 위해 권력분립의 원칙이 확립되었다. 이에 따르면 적어도 입법작용과 사법작용 및 행정작용은 분립되어야 한다. 그리하여 입법자는 무엇이 범죄인지, 그에 대한 처벌은 어떠한지를 사전에 미리 명확하게 법문을 통해 설정해 놓아야 하고, 사법종사자들은 법과 양심 그리고 적법절차에 따라 실체적 진실을 밝히고, 불법과 책임에 상응한 적합한 형벌을 과해야 하며, 그 집행과 교도 · 교화 작업은 행정작용의 손에 맡겨진다.

죄형법정원칙은 바로 이러한 개인의 자유 · 안전보장의 기능과 밀접한 연관을 맺고 있다. 그 자유와 안전을 실질적으로 이해하든 형식적으로 이해하든 국가형벌권 발동의 조건과 정도가 명확한 법률의 형식에 따라 미리 제정되어 있을 때에만, 국가권력의 자의적인 행사에 대해 개인은 법적인 방어권을 행사할 수 있는 등, 국가시민의 자유와 안전이 보장될 수 있다는 점은 죄형법정원칙의 변함없는 실천적 기능이다. 범죄와 형벌의 법률적합성(Gesetzmäßigkeit)은 장구한 세월을 지나면서 물론 그 세세한 내용에는 변화가 없지 않으나 법률로써 국가형벌권 발동의 조건과 정도, 절차 등을 정형화해 놓음으로써 국가형벌권의 남용가능성을 억지하고 제약하는 기능을 담당하는 것이다.

(2) 적극적 일반예방의 기능

범행 이전에 무엇이 처벌받아 마땅한 범죄이며 또 이에 대한 제재로서 어떠한 형벌이 과하여질 것인가를 미리 성문화된 법률로써 확정 · 공포해 놓는다면 일반국가시민들도 그것을 직접 · 간접의 사회적인 체험을 통해 알 수 있을 것이다. 그렇게 되면 어떤 사회적인 갈등상황에 직면하게 될 때라도, 주먹을 휘두르거나 폭언을 사용하지 않고, 각자 규범이 요구하는 바에 따라 규범에 맞는 행동으로써 그 문제해결에 이르도록 함으로써 제정된 형법이 사회교육적인 학습기능을 하게 되는 셈이다.

이 같은 학습효과에서 더 나아가 실정형법이 잠재적 범죄인으로서 일반시민의 법의식에 규범의 요구하는 바를 내면화시켜 줌으로써 평화로운 사회공동생활의 질서를 함께 형성해 나가게 할 뿐만 아니라 결국에 이르러 사회공동체 안에서 법질서가 안정되도록 하는 효과를 거두는 데도 기여한다.

형법이 제정 · 시행됨으로써 이러한 사회교육적인 학습효과와 규범내면화를 통한 규범안정화효과를 기대할 수 있다는 점에서 근자에는 많은 학자들이 이를 형법의 '적극적 일반예방의 기능' 또는 '사회통합예방기능'이라 칭한다.[31]

죄형법정원칙의 요구에 맞추어 규범의 실정 법률화가 국가시민의 사회적 학습효과를 촉진시킬 만큼 만족스럽게 이루어진다면 형법의 적극적 일반예방 내지 사회통합예방기능은 강화될 수 있을 것이다. 물론 오늘날 각종 처벌 법률과 규제 법률의 양산으로 사회 내의 규범생태계가 교란될 위험에 처한 것도 사실이다. '법률의 폭발', '법률의 홍수'로 인해 보통사람들은 법의 물길을 알 수 없을 처지에 빠지게 되어, 오히려 규범의 요구에 둔감해져 가는 역류현상을 지적하는 목소리도 높다.[32] 오늘날과 같은 복합적인 위험사회에서 규범의 양적 증가는 불가피한 측면이 없지 않으나, 적극적 일반예방의 관점에서 볼 때, 적정한 수위조절을 위한 새로운 법률 제정 못지않게 낡은 법률의 폐지는 좀 더 기동성 있고 과

---

31   김일수/서보학, 전게서, 554면.
32   김일수, 「전환기의 법학 및 형법학의 과제」, 법 · 인간 · 인권, 제3판, 1996, 524면.

감하게 추진할 필요가 있다.

어쨌든 여기에서 강조하고자 하는 바는 오늘날 일반예방사상이 잠재적 범죄인에 대한 위하(威嚇)라고 하는 소극적 기능에서 사회의 규범안정(Normstabilisierung)이라고 하는 적극적 기능으로 변모하면서, 죄형법정원칙도 전통적으로 지녀온 개인의 자유·안전보장의 기능 외에 새로이 적극적인 사회통합예방이라는 형사정책적 의의와 기능을 갖게 되었다는 점이다. 이런 의미에서 죄형법정원칙이 새로이 갖게 된 적극적일반예방의 기능을 전통적인 보장적 기능과 비교하여 '죄형법정원칙의 현대적 기능'이라 부르는 것도 괜찮을 듯싶다.

5. 죄형법정원칙의 네 가지 세부원칙

죄형법정원칙은 네 가지 금지 또는 요구를 내포하는 세부원칙에 의해 형법일반의 임무, 즉 '보충적인 법익보호를 통한 시민 상호 간 평화로운 공존질서의 유지'라는 임무를 제약하는 작용을 한다.[33] 즉 ① 소급효금지의 원칙, ② 불확정한 형법 금지의 원칙, ③ 실정형법의 원칙(관습법금지의 원칙), ④ 유추적용금지의 원칙이 그것이다. 그중에서 대체로 앞에 열거한 두 가지는 형법입법자를 구속하는 원칙이고, 뒤에 열거한 두 가지는 형법해석·적용자를 구속하는 원칙이라 할 수 있다.[34]

---

33 이런 의미에서 죄형법정원칙, 책임원칙, 비례성원칙을 형법에 대한 법치국가적 제약의 3원칙(Trias)이라 하기도 한다.

34 H.H.Jescheck, a.a.O., S.100.

```
═══════════ Ⅳ ═══════════
```

소급효금지의 원칙
(nullum crimen, nulla poena sine lege praevia)

소급효금지(Rückwirkungsverbot)의 원칙은 소급입법 금지와 소급적용 금지를 내포한다. 하지만 중점은 소급입법금지에 놓일 수밖에 없다. 법치국가에서 법률의 적용과 해석은 입법을 전제한 것이기 때문이다.

1. 소급입법의 금지

(1) 의　미

소급입법의 금지란 사후입법에 의하여 범죄와 형벌을 행위자에게 불리하게 소급적으로 미치게 해서는 안 된다는 것을 뜻한다. 비범죄화하거나 형벌을 완화하는 법률은 범죄자에게 불리한 것이 아니므로 소급적용되도록 사후에 입법조치를 취해도 괜찮다. 죄형법정원칙의 자유 보장적 기능을 염두에 놓고 볼 때 이러한 결론은 사물의 논리에 비추어 당연하다.

(2) 제도의 취지

예나 지금이나 형법입법자는 사회적 이목을 끄는 반사회적 행위에 대해, 사후에 소급적으로 가벌성을 창설하거나 무거운 형벌종류(예컨대 자유형 대신 생명형, 벌금형 대신 자유형)를 도입하거나 같은 종류의 형벌이라 할지라도 그 정도를 가중시키는(예컨대 5년 이하의 징역형을 10년 이하의 징역형으로) 등의 방법으로 쉽게 대처하려는 경향이 있다. 많은 특별법이나 가중처벌법의 형식에다 소급효규정을 둘 때, 전형적인 소급입법의 경우가 된다.

이러한 현상은 정치적인 권력변동기나 사회의 혁명적인 격동의 시기에 자주 일어난다. 이런 시기에는 정통성이 취약한 새 집권자에게 정치적 지배의 정당성이 흔히 요구되고, 이때 과거청산이니 적폐청산이라는 미명 아래 구 집권세력의 기득권을 박탈하고 정치적 보복을 합법적으로 가장하기 위해 소급입법이란 비상수단을 동원하기 쉽다. 뿐만 아니라 일상적인 법 생활 가운데서도 국가가 합리적인 형사정책적 고려와 상관없이 조급하게 통제력을 강화하기 위한 방편으로 소급입법에 의한 문제해결을 시도하는 경우가 많다.

그러나 이 경우 침해되는 것은 개인의 자유와 안전이고, 국가·사회적으로는 법적 안정성과 규범안정성이다. 이것은 헌법의 자유주의적 법치국가 요구와 죄형법정원칙의 보장기능, 사회통합적인 예방기능에 역행하는 것이다. 따라서 소급입법금지의 원칙은 국내정치적 위기상황에서 제왕적 통치자와 법 정책적인 안목과 식견이 천박한 입법자들이 빠지기 쉬운 유혹을 견제하기 위한 경고의 메시지인 셈이다. 어떠한 법질서의 위기상황에 직면하더라도 형법입법자는 개인의 자유와 안전 및 규범안정성을 지켜 내기 위해 행위 시에 죄가 되지 않거나 가벼운 형벌로 처벌될 행위에 대해 소급적으로 가벌성을 인정하거나 더 중한 죗값을 물어서는 안 된다.

결국 소급입법금지의 취지는 "의심스러울 때는 시민의 자유에 유리하도록"이라는 법 명제에 따라, 기존의 법질서에서 예견된 바 개인의 법적 지위와 자유로움의 한계를 넘어 들어가, 형사법을 틀어잡고 함부로 분탕질을 치지 말라는 것이다. 법공동체의 일원인 자유시민의 형법규범에 대한 예측가능성과 신뢰성[35] 및 법공동체의 법적 안정성의 기반을 불필요하게 흔들어대지 말라는 것이다. 비록 검은 까마귀 떼가 올리브나무 고목 위에서 정의의 검을 빼내어 휘두르라고 날밤이 새도록 울부짖을 때라도 말이다.

(3) 구체적 적용범위

1) 원론적 출발점

소급입법의 금지는 원래 실체법상의 가벌성과 형사제재에 관한 일체의 조건에만 관련될 뿐 절차법상의 문제나 형벌이 아닌 보안처분 등에 대해서 당연히 관련된 것이 아니었다. 그러나 인간의 존엄과 자유가 헌법질서의 최고 가치로 등장하면서 가능한 한 최대한으로 이 가치를 구현하기 위해 오늘날 소급입법금지의 적용범위는 종래에 비해 확장된 게 사실이다. 오늘날 인권국가를 지향하는 여러 나라들의 인권감수성과 공감능력을 고려하면, 이런 확대경향은 더욱 활발해질 것으로 전망된다.

그리하여 우리헌법도 형벌뿐만 아니라 보안처분에 대해서도 소급입법금지원칙을 원론적으로 적용할 것을 요구하고 있다. 공소시효에 대해서도 진정소급효를 금지하는 견해가 우세한데, 위와 같은 맥락에서 소급입법금지의 적용확장의 결과라 할 것이다.

소급입법의 대상이 실정형법의 범죄와 형벌에 관한 것인 한, 위법성조각사유의 소급적인 폐지나 제한, 객관적 처벌조건이나 인적 처벌조각사유 등을 소급적으로 행위자에게 불리하게 변경시키는 것, 형벌의 부수효과, 기타 자격상실 또는 자격정지, 몰수, 선고유예 또는 집행유예의 조건 등을 행위자에게 불리하게 소급 변경시키는 것 등은 허용되지 않는다.

---

35   W.Hassemer, Einführung in das Strafrecht, 2.Aufl., 1990, S.243.

2) 보안처분의 경우

보안처분이 형벌 이외의 형사제재의 하나로 형법전에 등장한 것은 20세기에 이르러서 일어난 일이다. 보안처분은 형벌과 성격이 다른 형사제재이므로 보안처분에도 본래 형벌에만 적용되었던 죄형법정원칙, 심지어 소급효금지의 원칙이 미치는가에 관해 새로운 논쟁들이 벌어졌고, 각국의 입법례도 차이가 난다.

순전히 논리적으로만 생각한다면 책임원칙에 근거를 둔 죄형법정원칙, 특히 소급효금지는 책임과 무관한 보안처분에는 행위에 앞서 금지를 인식할 가능성이 확보되어야 할 필요가 없고, 그 한에서는 보안처분에 소급효금지의 원칙이 적용되어야 하는 것은 아니라고 해석할 수도 있다. 그러나 형벌과 보안처분은 다 같이 '법익보호 및 범인의 사회복귀'를 지향한다는 점에서 형사정책적인 목표가 같다. 또한 자유박탈적·자유제한적 보안처분은 그 제재효과 면에서 형벌과 유사하고, 특히 보안감호처분은 형벌보다 더 가혹하게 장기간 개인의 자유를 박탈할 수 있다. 사정이 이러하다면 보안처분에 대해서도 소급효금지의 원칙을 적용하는 것이 자유법치국가의 형법원리에 합치된다 할 것이다. 어떤 보안처분을 그 피처분자에게 불리하게 소급적용하는 것이 가능해진다면, 이로써 개인의 자유로운 인격발전은 위험에 처하게 될 것이고, 최고의 법가치인 인간의 존엄성 존중요구에도 반할 것이기 때문이다.[36]

이런 관점에서 우리헌법 제12조 제1항은 "누구든지 법률과 적법한 절차에 의하지 아니하고는 처벌, 보안처분을 받지 아니한다"고 규정하고 있다. 입법례로는 1975년의 개정 오스트리아형법 제1조 및 독일형법 택일안(AE) 제1조 제2항이 보안처분에도 소급효금지를 확대적용하고 있다. 반면 독일 형법 제2조 제6항은 "보안처분에 관하여는 법률에 달리 규정되어 있지 않을 경우 재판 시의 법률에 따라 결정한다"고 규정하여, 새로운 보안처분을 입법자가 소급적으로 형성할 수 있는 가능성을 열어

---

36   김일수, 한국형법 Ⅰ, 183면; 이재상, 전게서, 19면; 손해목, 전게논문, 151면.

두었다. 자유법치국가의 헌법질서와 형법질서의 관점에서 보면 앞의 입법례가 더 바람직해 보인다.[37]

3) 공소시효의 연장 문제

공소시효를 소급적으로 연장시키는 것이 소급효금지원칙에 반하는지의 여부가 최근까지도 각국의 형법과 형사소송법에서 비교적 자주 논란의 대상이 되고 있다. 쟁점을 분명히 할 목적으로 소급입법에 의한 공소시효의 연장문제를 진정소급효와 부진정소급효 두 유형으로 나누어 고찰하는 것이 통례이다.

먼저 일단 만료된 공소시효의 연장·재개(진정소급효)는 어떤 경우에도 허용될 수 없다. 왜냐하면 이때 범죄자는 공소시효의 완성으로써 이미 처벌을 면한 상태에 놓이게 되므로, 사후의 소급입법에 의해 공소시효를 재개·연장하는 것은 기존의 법 상태에 대한 법적 신뢰 및 규범안정성의 보호와 모순·충돌하고 자유법치국가의 헌법 원리와도 합치하지 않기 때문이다.

문제는 공소시효기간이 만료하기 전에 그 기간을 다시 연장하는 조치(부진정소급효)가 소급효금지원칙과 상충하지 않는가 하는 점이다. 독일에서는 Nazi 전범들과 반인륜범죄자들을 염두에 두고 무기자유형이 법정형으로 된 중범죄에 대한 공소시효를 법률로써 일시 정지시키기도 했고, 그 후 이들 범죄에 대한 공소시효를 시효만료 전에 30년간 한 차례 더 연장했다가, 1979년 형법 일부개정 시 아예 일급살인죄(모살죄)의 공소시효를 영구히 배제해 버렸다.[38] 이 문제에 관해 독일연방헌

---

37 W.Diefenbach, Die verfassungsrechtliche Problematik des §2 Abs.6 StGB, 1966; H.L.Schreiber, SK, §2 Rn 79; G.Stratenwerth, Strafrecht AT, 3.Aufl.,1981, S.51.

38 나치청산의 법적 과제를 안고 있던 서독은 1965.4.13. "무기자유형이 법정형으로 되어 있는 범죄의 시효는 1945.5.8.에서 1949.12.31.까지 정지한다"는 내용의 공소시효에 관한 특별법을 제정하였다(제1조 제1항). 뒤이어 1969.8.4. 제9차 형법개정에 관한 법률에서는 그러한 범죄에 대한 공소시효를 다시 30년간 연장하였다. 끝으로 1979.7.16. 제16차 형법개정에 관한 법률에서는 한 걸음 더 나아가 모살에 대해서는

법재판소는 "공소시효는 가벌성(Strafbarkeit)이 아니라 단지 소추가능 (Verfolgbarkeit) 기간에 관련된 것이므로 소급적인 시효연장은 단지 행위 의 가벌성과 관련된 죄형법정원칙을 침해하는 것이 아니다"라는 결정을 내렸다.[39] 학자들 중에서도 범행 후 얼마동안 숨어 지내면서 시효기간이 지나가면 무사해질 것이라는 시민의 기대이익은 죄형법정원칙의 법 정 책적 취지를 고려할 때, 법적 권리와 같은 정도로 보호할 가치가 없다는 점을 들어 위와 같은 결론에 이르기도 한다.[40]

공소시효의 만료 전에 시효기간을 사후적으로 연장하거나 공소시 효진행을 정지시키는 것(부진정소급효)은 소급입법금지의 원칙에 반하지 않는다는 견해가 독일 형법학계에서는 통설이고 우리나라에서도 대다 수의 학자들이 이 입장에 동조하고 있다. 공소시효는 단지 소추조건일 뿐이고 범죄와 형벌은 이미 행위 시에 법률로 확정되어 있었기 때문이 라는 것이다. 범죄자에 대한 인권보장의 필요성은 본래 범죄와 형벌의 존부 · 정도에 미치는 것이므로, 공소시효의 진행 · 완성에 관한 그의 신 뢰보호는 이미 공소시효의 정지제도가 법정되어 있는 한(형소법 제253조), 애당초 상대적인 보호에 불과하다는 것이다.

물론 이에 대해서 반대하는 소수의 주장에도 경청할 가치가 있다. 공소시효가 아무리 소송법규정이라 해도 형법실현의 전체과정으로부터 조망할 때, 입법자가 의도하고 있는 범죄의 처벌필요성과 직접 관련된 문제이기 때문이라는 것이다.[41] 무엇보다도 순 형식적인 절차규정이 아 닌 한 처벌과 관련된 모든 형사소송법규정과 형법 제1조 제1항의 행위 시법규정은 다 헌법상의 소급효금지규정의 구체화규정으로 보아야 하

공소시효완성이 없다는 규정을 둠으로써 입법 시마다 따라오던 논쟁으로 인한 피로 감을 뿌리째 제거해 버렸다.

39 BVerfGE 25, 287ff.
40 록신, 형법학입문, 51면; 배종대, 형법총론, 제7판, 2004, 72면.
41 강구진, 「죄형법정주의와 적법절차의 원칙」, 고시연구 1983.6, 116면; 손해목, 앞의 논문, 122면; 이정원, 형법총론, 제2판, 2001, 19면; H.H.Jescheck, a.a.O., S.125; H.Welzel, Das Deutsche Strafrecht AT, 11.Aufl., 1969, S.24.

기 때문에 범죄자에게 불리하게 범행 후 국가형벌권이 확대적용되도록 해서는 안 된다는 것이다.[42] 왜냐하면 형법과 형소법의 형식논리적인 구분이나 가벌성과 소추가능성의 단순한 구별은 소급효금지에 관한 헌법규정(헌법 제13조 제1항; 독일기본법 제103조 제2항)의 근본취지, 즉 범죄자 개인의 더 많은 자유와 더 확실한 안전보장의 취지에 비추어 볼 때, 구속력이 없는 사고유희의 일종이라는 것이다.[43]

생각건대 공소시효가 형법의 실현과 무관하게, 단지 형소법상의 기술적인 규정에 불과하다는 관점은, 오늘날 문명세계의 보편적 규범으로까지 발전된 범죄인 인권보장과 세계문화시민들의 인권감수성에 비추어 볼 때 설득력이 약해 보인다. 공소시효가 우리 법제에서는 절차법인 형사소송법에 규정되어 있으나 형벌의 실현조건과 밀접한 관계가 있다는 점을 염두에 둔다면,[44] 그것이 실체형법의 실현과정에서도 중요한 의미를 갖는다는 점을 부인할 수 없기 때문이다.[45] 따라서 형사소송법이나

---

42 G.Jakobs, Strafrecht AT, 2.Aufl., 1991, Rn.4/57; H.L.Schreiber, Zur Zulässigkeit der rückwirkenden Verlängerung von Verjährungsfristen früher begangener Delikte, ZStW 80(1968), S.365f.; ders., Gesetz und Recht, 1976, S.220.

43 G.Dannecker, Das intertemporale Strafrecht, 1993, S.332f.

44 입법례를 보면 독일형법처럼 공소시효를 형법에 규정하는 경우도 있다.범행의 가벌성과 소추가능성을 구별하면서 후자에게는 죄형법정원칙이 적용되지 않는다고 한 독일 헌법재판소결정(BVerfGE 25, 287)의 입장에 반대하여, 19C에는 공소시효규정이 실체법에 편입돼 있었기에, 역사적으로도 공소시효는 죄형법정원칙의 적용하에 놓였다는 점에 관한 강조로는 B.Schünemann, Nulla poena sine lege?, 1978, S.25, Fn. 88 참조.

45 공소시효의 본질에 관해서는 ① 실체법설, ② 절차법설, ③ 신소송법설, ④ 결합설 등이 있다(이주원, 형사소송법, 2019, 219면). 형법의 실현을 전체적으로 보면, 형법 입법 → 형사재판 → 형의 집행에 걸친 전과정이 변증론적·유기적으로 진행된다. 따라서 형사실체법과 형사절차법을 일도양단식으로 준별하는 것은 오늘날 이른바 총체적 형법체계(Das gesamte Strafrechtssystem)의 흐름과도 맞지 않는다(E.Hilgendorf, System-u.Begriffsbildung im Strafrecht, in: Hilgendorf/Kudlich/Valerius(Hg.), Handbuch des Strafrechts, Bd.2 Strafrecht AT I ,2020, §27Rn.13). 특히 공소시효가 갖는 형사실체법적 성격은 공소시효의 기간이 범죄의 경중 및 입법자가 정한 법정형의 높낮이에 맞추어 길거나 짧게 규정된다는 점이다. 이 점을 염두에 두고, 만약 깊은 주의를 기울인다면, 공소시효도 헌법 제13조 제1항 및 형법 제1조 제1항에 명

형법이 똑같이 헌법의 구체화 규범이라는 점을 감안하면, 진정소급효의 위헌성은 말할 것도 없고, 소위 부진정소급효도 개인의 자유에 대한 불안감을 제거하고 법적 안정성을 공고히 다지는 방향에서 좀 더 실체적으로 이해하는 것이, 인권감수성이 편만한 현대사회에서 자유법치국가 헌법의 체계와 이념에 더 합치하는 관점이 되지 않을까 사료된다.[46]

4) 친고죄의 비친고죄화 문제

친고죄에서 고소는 소추조건이다. 일반범죄에서 고소는 수사의 단서에 불과하지만, 친고죄에서는 고소가 없으면 국가가 소추할 수 없다. 국가소추주의 · 기소독점주의를 취하는 우리나라 형사소송법 체계에서 친고죄는 소추여부를 피해자(고소권자)의 의사에 맡김으로써 일종의 사인소추주의 정신을 반영한 것이라고 할 수 있다.

문제는 친고죄를 비친고죄로 개정하는 경우에도 소급입법금지의 원칙이 적용되는가 하는 점이다. 친고죄는 비록 형법에 규정되어 있지만 본질상 소추조건이므로 헌법 제13조 제1항의 "범죄구성요건"이나 형법 제1조 제1항의 "범죄성립과 처벌"을 규정한 법률이 아니다. 이것은 친고죄규정이 가벌성과 직접 관련이 없음을 뜻한다.

그뿐만 아니라 예외적으로 소추 · 처벌에 대한 결정을 피해자 개인의 사정을 고려하여 그의 의사에 맡긴 것이므로, 소추여부가 피해자(고소권자) 개인의 고소권행사 여부에 의존할 수밖에 없다. 이 점에서 볼 때 친고죄의 사법적 처리는 애당초 가해자의 예측가능성과 법적 보장에 대

시된 바, 소급효금지의 원칙에 따른 범죄인의 자유보장책, 즉 범죄인의 자유에 불리하게 어떤 범행을 둘러싼 시간적 조건들을 소급입법의 형식이나 해석적용을 통해 함부로 조작할 수 없다는 사실이 더욱 분명히 드러날 것이다(Th.Fischer, StGB mit Nebengesetzen, 66.Aufl. 2019, Rn.7a; G.Dannecker, Zeitlicher Geltungsbereich, a.a.O., §30 Rn.49).

46 김영환, 「공소시효와 형벌불소급의 원칙」, 자유주의적 법치국가, 2018, 347면 이하; 오영근, 형법총론(보정판), 2005,§3/38 참고; Il-Su Kim, Der Gesetzlichkeitsgrundsatz im Lichte der Rechtsidee, FS-Roxin, 2001, S.119ff.

한 신뢰가 비친고죄에 비해 상대화되어 있다 할 것이다.

그러므로 친고죄를 비친고죄로 소급 개정하더라도 소급효금지의 원칙에 반하지 않지만, 다만 이미 고소기간이 경과한 때에는 사후입법에 의한 소급효가 인정되지 않는다는 견해가 우세하다.[47] 그러나 공소시효의 소급적 연장이나 적용배제문제처럼(형소법 제253조의2) 소급입법에 의해 친고죄를 비 친고죄로 하거나 친고죄의 고소기간 자체를 소급적으로 연장하는 등의 입법기도는 고소기간의 경과 여부에 따라 상대적인 차이는 있을지언정, 개인의 법적안전과 자유를 직·간접으로 위태롭게 하는 문제이므로, 오늘날 안전사회를 갈구하는 시민의 인권감수성에 비추어 볼 때 다시 신중하게 접근해 볼 문제라고 생각한다.

2. 소급적용의 금지

(1) 의 미

소급적용금지원칙은 범죄와 형벌·보안처분의 가중에 대한 법률규정은 다만 그 법률시행 이후 장래에 대해서만 적용되고, 그 법률시행 이전에 저질러진 범행에 대해서까지 소급적용될 수 없다는 원칙이다. 우리헌법 제13조 제1항 전단의 형벌불소급원칙과 형법 제1조 제1항의 행위시법원칙이 죄형법정원칙에서 파생된 네 가지 세부원칙의 하나인 소급효금지원칙을 내포하고 있으므로, 그 속에 소급입법금지원칙과 함께 소급적용금지원칙도 함께 규정되어 있다고 해석하는 것이다.

---

47 이재상, 전게서, 20면; 박상기, 형법총론, 제5판, 2002, 31면; 배종대, 형법총론, 제6판, 2001, 124면.

(2) 제도의 취지

이 원칙은 소급효금지의 원칙 중 특히 형법의 해석·적용자에게 지향된 것이다. 따라서 형법실현의 전 과정 중 형사사건을 수사하는 검·경 수사기관과 공소제기 및 공소유지를 전담하는 검찰 그리고 형사재판에서 유죄의 사실 확증과 그에 상응한 형벌을 정하는 법관까지 이 원칙이 말하는 의미를 유념해야 할 수범자(受範者)들이다. 두말할 것도 없이 이 원칙이 명하는 바는 범죄와 형벌 및 보안처분은 행위 시의 법률에 의해 해석·적용되어야 하고, 행위자에게 불리한 재판 시의 법률을 사후적으로 소급적용해서는 안 된다는 요구이다. 이미 언급한 바와 마찬가지로 이 요구는 책임원칙을 근거로 한 자유법치국가의 인권 보장적 기능을 실현하기 위한 것으로서, 특히 재판사무를 담당하는 법관의 자의적인 법해석·적용으로부터 개인의 자유와 안전을 보장하기 위한 취지이다.

(3) 구체적인 적용범위

1) 형법각칙의 모든 범죄구성요건
형법각칙에 규정된 각 범죄구성요건은 그 이면의 행위규범이 제시한 금지규범 또는 명령규범에 반항했을 때 실현되는 가벌성에 관한 모든 조건의 총화에 해당한다. 이 범죄구성요건에는 불법요소, 개관적 처벌조건 및 특별한 책임표지 등이 포함되어 있다.
이들 형법각칙상의 모든 범죄구성요건의 해석·적용에 있어서 소급적용은 금지된다. 더 나아가 특별형법(형사특별법)이나 부수형법에서 규율하고 있는 가벌성의 모든 조건에 관해서도 소급적용금지원칙이 적용된다.

2) 형법총칙의 가벌성 내지 그 삭제에 관한 법률규정

범행 시에 적용되는 정당화(위법성조각)사유가 사후적으로 삭제된 경우, 가벌적인 미수의 범위가 확대된 경우, 가벌적인 예비·음모의 범위가 확대된 경우, 지금까지 처벌되지 않던 공범형태의 처벌을 새로 도입하는 경우, 이에 관한 형법총칙규정은 장래를 향해서만 적용할 수 있을 뿐, 소급적용해서는 안 된다.

3) 형벌 및 보안처분에 관한 규정

새로운 종류의 형벌 또는 보안처분에 관한 규정을 도입하여 이를 소급적으로 적용하거나 형벌 또는 보안처분을 확장하는 규정을 신설하여 이를 소급적용하는 것은 모두 금지된다. 처벌감경에 관한 새로운 규정은 범인에게 불리하지 않으므로 소급적용해도 좋으나, 처벌가중규정을 신설하고 이를 소급적용하는 것은 범인에게 불리하므로 허용되지 않는다.

4) 판례의 변경과 소급적용의 문제

법원이 어느 범죄구성요건에 관하여 변경된 해석을 그 변경 이전에 저질러진 범행에 그대로 적용하거나, 범행 시에 관행화되었던 법률의 해석에 따르면 불가벌적이었던 행위를 판례의 변경에 의해 가벌적인 범행으로 판단하는 것이 소급적용금지의 원칙에 반하지 않는가 하는 점이 여기에서 문제된다.

이 점에 관해 판례 그 자체는 법원성(法源性)을 가질 수 없고, 법률 자체가 아니기 때문에, 법률로써 국가형사사법작용과 형벌권을 제한하려는 죄형법정원칙의 본질적인 의미에 비추어 보면, 소급효금지를 판례에까지 적용할 것은 아니라는 견해가 있다.[48]

이 입장에서는 만일 행위자가 관행화된 종전 판례의 입장을 신뢰하여 자신의 행위가 금지된 불법행위라는 것을 몰랐다면 금지착오의 문제

---

48   H.J.Rudolphie, SK, §1 II Rn.8; 이재상, 전게서, 18면.

가 될 수 있을 뿐이라고 한다.

이에 반해 이미 확립된 판례를 피고인에게 불리하게 변경하여 소급 적용한다면 사후입법에 의한 소급처벌과 같이 피고인의 법적 신뢰 및 규범안정성을 해쳐 결국 죄형법정원칙에 반하게 될 것이라는 견해가 대립하고 있다.[49] 이 입장에 따르면 판례를 변경한 결과 피고인에게 불리하게 될 경우에는 그 효력을 당해 사건에 대해서가 아니라 적어도 그 다음이나 장래의 사건에 대해서만 적용하도록 하고, 당해 사건의 피고인에 대해서는 변경된 판례를 적용해서는 안 된다고 한다.[50]

생각건대 판례의 변경이 구체적인 법 실현의 과정으로서 법률을 보충하는 법적 견해의 변경일 때에는 법률 밖에서 행해지는 법관의 자유로운 법 발견 내지 법 창조활동(Akt der Rechtsschöpfung extra legem)에 해당하므로, 이 경우에는 피고인의 법과 불법에 대한 신뢰보호를 위해 소급적용이 금지되어야 할 것이다.[51] 그 밖의 모든 판례의 변경은 단지 객관적 법상황의 변경에 기인하여 새로운 사안을 그 법률문언에 포섭하는 법률의 구체화 작업 내지 법률안에서의 법 발견과정에 지나지 않는다. 이때에는 법관의 활동이 이미 현존하는 법률안에서 올바른 의미와 시의에 맞는 적절한 결과를 도출하는 것을 목표로 삼는 법 발견활동(Akt der Rechtsfindung intra legem)에 불과하므로 판례의 소급적 변경·적용이 소급적용금지의 원칙과 충돌하지 않는다.[52]

---

49 W.Naucke, NJW 1968, S.758; Straßburg, ZStW 1970, S.948ff; H.L.Schreiber, JZ 1973, S.713; 정성근, 형법총론, 개정판, 1988, 56면; 손해목, 앞의 논문, 121면; 이형국, 형법총론연구 I , 1984, 63면.

50 이 경우에는 외국의 판결문화에서처럼 장래를 향하여 판례변경을 예고하는 취지를 판결이유에 부기(obiter dictum)하는 방식을 도입하면 문제가 쉽게 해결될 수 있을 것이다. 이에 관하여는 김일수, 「판례변경예고제의 도입」, 법은 강물처럼, 2002, 203면 참조.

51 김일수, 한국형법 I , 187면; 배종대, 전게서, 74면.

52 대판 1989.9.12. 87도506(복사 문서가 원본에 대신하는 증명기능을 더해 가고 있는 실정에 비추어 이에 대한 사회적 신용보호의 면에서 사진 복사한 문서의 사본은 문서위조 및 동행사죄의 객체인 문서에 해당한다고 본 사례).

V

공소시효의 정지 · 연장 · 배제와 소급효금지의 원칙

1. 공소시효의 의미와 법적 성질

(1) 공소시효의 의미

범죄행위가 종료한 후 공소제기 없이 법률에 정한 일정기간이 경과하면 국가의 형사 소추권을 소멸시키는 제도를 공소시효라 한다. 원래 사법(私法)상 시효는 일정한 사실의 상태가 일정기간 계속된 경우에 그 상태가 진실한 권리관계에 합치하느냐의 여부를 묻지 않고 그 사실 상태 그대로를 법적 관계로 인정하는 제도를 말한다.[53] 민법상 시효제도의 존재이유로는 ① 일정기간 지속된 사실 상태에 입각한 새로운 사회질서의 유지, ② 장기간 계속된 사실 상태로 인하여 실체적 진실에 부합하는 증거수집 · 보존의 곤란해소, ③ 권리행사를 태만히 한 자에게 그 권리보호가치를 부인하는 등의 조치를 든다. 한마디로 요약하자면 장기간 지속된 사실상태를 새로운 권리관계로 인정하여 법적 안정성을 도모하려는 취지이다.

공소시효는 각 범죄에 대해 법정형의 차등에 따라 달리 정해진 기간이 완성되기까지 국가의 소추권이 실현되지 아니한 사회적 사실에 근거하여 국가의 소추권을 소멸시킴으로써 당해 범죄를 둘러싼 그간의 사

---

53   김상용, 민법총칙, 1993, 798면.

회적 불안정상태를 법적 안정상태로 전환시키는 제도이다. 민법상의
소멸시효가 일정기간 권리 위에 잠자는 자에게 사법상 소구권 내지 권
리의 소멸을 안기듯, 형사소송법상 공소시효는 공소권을 독점하고 있
는 검사가 일정기간 공소를 제기하지 않으면, 그것이 검찰의 태만에 의
한 것인지의 여부와 관계없이, 공소권의 소멸이라는 결과를 가져온다
(형사소송법 제249조). 어쨌거나 공소시효가 완성된 사건에 관하여 검사
는 시효완성을 이유로 불기소처분을 해야 하고, 기소 후에 시효의 완성
이 판명된 때에는 면소판결에 의해 소송절차가 중단하게 된다(형사소송
법 제326조 iii).

　　공소시효는 이처럼 면소판결의 이유가 되는 실체적 소송조건과 상
관된 제도인 반면, 확정판결 후에 국가의 태만 등의 이유로 형이 집행되
지 않은 채 일정기간을 경과함으로써 이미 확정된 형벌권이 소멸하여
형의 집행이 면제되는 형의 시효제도(형법 제77조)와 구별된다.

(2) 공소시효의 법적 성질

　　널리 알려진 바와 같이 공소시효의 법적 성질에 관하여는 종래 실
체법설, 소송법설, 결합설 등이 주장되어 왔다. 공소시효의 법적 성질을
우리나라 형사소송법 학자들은 대부분 공소시효의 본질론이라고 부른
다. 본질론은 주로 공소시효기간을 사후에 정지·연장·배제하는 소급
입법의 소급효가 죄형법정원칙상 형벌불소급의 원칙과 충돌하는지의
여부에 주목하기 때문이다.[54]

　　실체법설은 시간의 경과에 따라 범죄의 사회적 악영향이 약화되고
범죄의 처벌필요성도 감소하여, 마침내 가벌성이 소멸한다는 입장이
다.[55] 이 관점에서 보면 공소시효가 완성된 사건은 무죄에 가깝다. 따라

54　이주원, 형사소송법, 2019, 219면.
55　김기두, 형사소송법(전정신판), 1987, 232면; 서일교, 형사소송법, 8개정판, 1979,
　　294면.

서 공소시효는 형의 시효와 마찬가지로 본래 형법에 규정하는 것이 논리적으로 옳다는 결론에 이르게 된다.[56] 이 입장에서는 적어도 공소시효가 완성된 범죄에 대해서만은 소급효를 부정한다. 다만 이것이 현행 우리 형사법상 형법과 형사소송법이 취하고 있는 태도와 합치하지 않기 때문에 체계적으로나 해석론으로 받아들이기 어려운 점이 있는 건 사실이다. 하지만 오늘날 형법과 형사소송법을 실체법과 절차법으로 준별하여 대치시키는 관점은 리스트(von Liszt)의 기획 후 발전해 온 총체적 형법학(Die gesamten Strafrechtswissenschaften)의 입장에서 볼 때 시대에 뒤진다는 느낌을 지울 수 없다. 양자를 형법실현의 3단계, 즉 형법입법 → 형사소송 → 형의 집행의 전 과정을 통하여 변증론적인 형사정책의 관점에서,[57] 그리고 또한 역동적·유기적으로 통합하여 고찰할 필요에서 보면, 실체법설도 이론적으로 경청할 만한 정당한 논거를 가지고 있다 할 것이다.

소송법설은 시간의 경과에 의하여 증거가 흩어지고 공정한 재판을 기대할 수 없어 소추권이 소멸하게 되므로, 검찰의 불기소처분 내지 기소된 후 이 사유가 판명된 경우에는 실체적 소송조건의 결여로 결국 면소판결에 의해 소송절차가 중단하게 된다는 것이다.[58] 그러나 피해자 측에서 보면 시간이 경과해도 그 고통이 치유되지 않고 시퍼렇게 살아 있을 수도 있고, 오늘날에는 과학적 감정기법(특히 DNA감정)의 발전으로 상당한 시간이 지난 후에도 진범을 색출하여 처벌하는 것이 일상화된 때문에 이 소송법설의 논거가 극복될 수 없는 논거라 말하기 어렵다는 점이 지적된다.[59] 소송법설에 대한 이와 같은 반론은 충분히 수긍할 만한

---

56 헌법재판소도 공소시효의 본질을 국가형벌권의 소멸이라는 형의 시효와 마찬가지로 실체법적인 성격을 갖는다는 입장을 취한다(헌재결 1993.9.27.선고 92헌마284).

57 C.Roxin, Sinn und Grenzen staatlicher Strafe, in: ders., Strafrechtl. Grundlagenprobleme, 1973, S.5ff.

58 백형구, 알기쉬운 형사소송법, 2007, 120면; 이재상, 신형사소송법 제9판, 2012, 409면; 정웅석/백승민. 형사소송법 제5판, 2012, 381면.

59 히라라기 도키오(平良木 登規男), 일본형사소송법, 조균석 역, 2012, 484면 이하.

점이다. 그럼에도 불구하고, 범죄사건 발생 후 장시간의 경과가 사건을 둘러싼 사회적 관심과 이해관계에 가져다줄 직·간접의 여러 영향들을 고려한다면, 소송법설의 논거가 전적으로 비현실적인 것이라고 단언하기 어려워 보인다. 어쨌거나 이 입장에서는 공소시효가 완성된 범죄에 대해서 소송법상의 제도에 불과한 공소시효의 정지·연장·배제를 위한 소급입법을 한다 해도 실체형법의 원칙인 죄형법정원칙상 형벌불소급의 원칙과 충돌할 사항이 아니라고 말해도 순 논리적으로 모순된 주장은 아닐지도 모른다. 실체법상 죄형법정원칙이 절차법과 상관된 원칙은 아니라는 전제 때문이다.

결합설은 실체법설과 소송법설 양자의 요소를 절충하여 경합적으로 인정하자는 입장이다.[60] 즉, 공소시효의 완성은 형벌필요성의 탈락사유(실체법설)인 동시에 소추권의 소멸과 직결된 소송조건(소송법설)이라는 것이다. 이 같은 결합설을 따를 때 적어도 이미 공소시효가 완성된 범죄에 대해서는 (진정)소급효를 부정하는 결론에 이른다.[61] 실체법설의 주장을 수용하여 소송법설과 절충하는 결합설의 논리적 귀결인 셈이다.

이상의 학설들은 그 뉘앙스에 다소 차이가 있긴 하지만, 모두 다 처벌하는 국가의 입장에 서서 공소시효의 본질을 설명하려 한다는 점에서는 공통점을 갖는다. 그러나 최근 들어 범죄자 개인의 입장을 좀 더 강조하는 차원에서 그 법적 성질의 근거를 규명하려는 새로운 시도라고 할 신소송법설이 주목을 끈다. 즉, 공소시효는 일정기간 국가가 공소권을 행사하지 않았다고 하는 사실상태를 전제로 국가가 소추권을 발동하지 않는 제도이며(소송법설), 시효완성에 의한 반사적 이익으로 범죄자개인의 법적 지위의 안정을 도모하는 제도라는 주장이다.[62]

---

60 배종대/이상돈/정승환/이주원, 신형사소송법, 2011, 237면; 신동운, 신형사소송법, 2012, 486면; 신양균, 형사소송법 제2판, 2004, 314면; 임동규, 형사소송법, 2012, 314면; 이주원, 전게서, 219면.

61 이주원, 전게서, 219면.

62 田宮裕, 刑事訴訟法新版, 223면(히라라기 도키오, 전게서, 485면에서 재인용); 노명선/이완규, 형사소송법, 제3판, 2013, 469면 이하.

물론 이 신소송법설에서 말하는 바, 피고인의 갖는 반사적 이익이란 기대이익은 될 수 있지만, 권리로 인정하기에는 불충분하다는 것이다. 그러나 좀 더 자유주의적인 색채를 가미한다면 반사적 이익이라는 용어를 시효완성의 법적 효과 내지 권리관계라는 의미로 바꾸어 이해하는 것도 가능해 보인다. 그렇게 되면 공소시효도 법체계 내에서 시효제도 일반이 갖고 있는 바, 장기간 지속된 사회적 사실상태를 새로운 권리관계로 인정하여 법적 안정성을 도모하려는 취지와 합치할 뿐만 아니라, 또한 특히 범죄자 개인의 법적 지위의 안정을 도모한다는 강조점이 부각될 수 있다. 그 결과 공소시효의 진정소급효가 부정되어야 함은 물론, 부진정소급효에 대해서도 종래처럼 입법자에게 자유통행로가 열려 있는 것은 아니라는 점에 대한 경고음의 의미도 갖게 될 것이다.

공소시효를 범죄인의 자유와 인간의 존엄성 및 행복추구권이라는 헌법정신과 떼어 놓고 사고해 온 이른바 종래의 본질론을 헌법정신과 합치하는 방향에서 그리고 신소송법설의 착상을 자유주의적 개인주의 관점에서 수정하여 공소시효의 법적 성질을 다음과 같이 기술하는 것이 좋겠다는 생각이다: 공소시효는 일정기간 국가가 공소권을 행사하지 않았다는 사실상태에 근거하여 국가소추권의 발동을 제지함과 동시에 공소시효의 법적 효과로서 범죄자 개인의 법적 지위의 안정을 도모하는 제도이다.

최근 대법원도 공소시효를 정지·연장·배제하는 특례조항에서 소급적용에 관한 명시적인 경과규정을 두지 않은 경우 그 소급적용여부는 "보편타당한 일반원칙은 없으므로, 적법절차원칙과 소급금지원칙을 천명한 헌법정신을 바탕으로 법적 안정성과 신뢰보호원칙을 포함한 법치주의 이념을 훼손하지 않도록 신중히 판단하여야 한다"고 판시한 바 있다.[63]

---

63 대판 2016.5.28. 2015도1362(공소시효배제조항에 대해 소급적용에 관한 명시규정
    이 없다는 이유로 소급적용을 부정하고 공소시효완성으로 본 사례).

2. 공소시효의 정지

공소시효는 일정한 사유가 있으면 그 진행이 정지되고, 그 사유가 소멸함과 동시에 남은 시효기간만큼 다시 진행한다. 공소시효의 정지는 공소시효의 중단과 구별된다. 공소시효의 중단은 중단사유가 소멸하면 공소시효가 처음부터 다시 진행하는 제도이다. 우리나라의 현행법상 공소시효의 중단제도는 없다.

공소시효는 당해 사건에 관하여 공소가 제기된 시점에서 그 진행이 정지되고, 공소기각이나 관할위반의 재판이 확정된 때로부터 다시 진행한다(형소 제253조 제1항). 이때 공소제기가 적법·유효했는지는 문제되지 않는다. 공소제기로 인한 공소시효정지는 공소사실의 단일성·동일성이 인정되는 사건 전체에 미친다. 또한 시효정지의 인적 효력은 공소 제기된 피고인에 대해서만 미친다. 그러므로 진범 아닌 자에 대한 공소제기는 진범에 대한 시효진행을 정지시킬 수 없다. 다만, 공범 간에는 특칙이 있어, 공범 중 1인에 대한 공소제기로 인한 시효정지의 효력은 다른 공범자에게도 미치고, 당해 사건의 재판이 확정된 때로부터 진행한다(형소 제253조 제2항). 범인이 형사처분을 면할 목적으로 국외에 있는 경우 그 기간 동안 공소시효는 정지된다(형소 제253조 제3항). 그러나 국외도피에는 공범특칙이 적용되지 않으므로, 공범 중 1인의 국외도피는 다른 공범자에게 시효정지의 효력을 미치지 않는다.

재정신청이 있으면 고등법원의 재정결정이 확정될 때까지 공소시효의 진행이 정지된다(형소 제262조의4 제1항). 공소제기의 결정이 있는 때에는 그 결정이 있는 날 공소가 제기된 것으로 본다(동조 제2항). 공소제기 시에 공소시효정지효력이 발생한다는 우리 형소법의 원칙규정(제253조 제1항)에 비추어 보면, 재정신청절차에서 공소시효정지와 관련된 우리 형사소송법의 규정(제262조의4 제1항, 제2항)은 상호모순점이 없지 않아 보인다. 일본 최고법원은 이와 관련하여 재정신청절차에서는 재정신청 시가 아니라 재정결정이 있었던 때에 공소시효가 정지된다는 해석을 내리고 있는데,[64] 공소제기 시에 공소시효가 정지된다는 원칙의 일관성 및 피고인의 자유의 확보와 법적 안정성의 관점에서 보면 이 오래된 외국 판례에 경청할 점이 있다.

소년보호사건의 경우, 소년부 판사가 소년보호사건의 심리개시결정을 한 때에는 그 심리개시결정이 있는 때로부터 그 사건에 대한 보호처분의 결정이 확정될 때까지 공소시효의 진행이 정지된다(소년법 제54조).

미성년자에 대한 성폭력범죄의 공소시효는 해당 성폭력 범죄로 피해를 당한 미성년자가 성년에 달한 날부터 진행하고(성폭법 제21조 제1항), 아동·청소년 대상 성범죄의 공소시효는 해당 피해를 당한 아동·청소년이 성년에 달한 날부터 진행한다(아청법 제20조 제1항). 이것들은 기산점의 특칙을 정한 규정이지만, 실질적으로는 공소시효정지의 효과를 가져온 것이다.[65]

그 밖에도 헌법 제84조에 규정된 바, 대통령의 재직 중에는 내란·외환의 죄를 범한 경우를 제외하고, 그 밖에 그의 모든 범행에 대한 공소시효의 진행이 정지된다는 것이 다수설과 판례의 입장이다(헌재 1995. 1.20. 94헌마246). 물론 이 헌재결정은 12·12사건에 대한 검찰의 불기소처분에 대한 헌법소원심판청구에서 나온 헌재의 입장이다. 당시 이 결정에 대해 소수의견을 폈던 재판관 황도연, 김문희의 주장에도 주목할 만한 점이 있다. 즉 헌법 제84조가 공소시효정지에 관한 명문규정이라 볼 수 없으므로, 대통령 재직 중 그의 범행에 대한 공소시효는 정지되지 않는다는 것이다. 따라서 전직 대통령인 전두환 피의자의 이 사건 피의사실에 대하여는 공소시효가 모두 완성되었음이 명백하여, 청구인들의 이 사건 심판청구는 권리보호이익이 없어 모두 기각되어야 한다는 것이다. 그 이유는 형소법이 정한 공소시효의 정지사유는 공소제기와 이에 준하는 사유로 한정하고 있기 때문이라는 것이다. 따라서 헌법 제84조

---

64   日最高裁決定 1958.5.27. 刑集12卷8号1665面(히라라기 도키오, 전게서, 487면에서 재인용).

65   이주원, 전게서, 226면.

의 사유와 같은 법률상의 장애사유로 말미암아 공소를 제기할 수 없는 경우에 그 기간 동안 시효진행을 정지한다는 규정이 없는 사정에 비추어 볼 때, 위 헌법조항의 의미를 바로 공소시효가 정지되는 것으로 무리하게 넓게 해석할 것이 아니라, 형소법의 공소시효정지에 관한 규정을 개정하여 이를 바로잡는 것이 정도(正道)라는 것이다.[66]

공소시효정지를 법률에 따라 명확히 하려는 이러한 시도는 헌법재판소의 다른 결정례에서도 이미 확인된 바 있다. 즉, 검사의 불기소처분에 대한 헌법소원이 헌재재판부의 심판에 회부된 경우에도 공소시효의 진행이 정지되지 않는다고 한다.[67] 왜냐하면 공소시효의 정지는 특별히 법률로써 명문의 규정을 둔 경우에 한하고, 다른 규정을 유추 적용하는 것은 허용되지 않기 때문이라는 것이다. 이러한 엄격성은 법관이나 헌법재판관들이 공소시효정지에 관한 명문규정들을 방만하게 확대적용하고 싶은 충동이나 어떤 압력에 직면할 때에도, 절제해야 할 준거점으로서 중요한 의미를 던져 주는 것이다.

문제는 공소시효정지를 위한 특별법의 제정이다. '법률이면 다'라는 법률만능주의 내지 법률실증주의 피해를 겪은 지난 세기 세계 제2차 대전 종료 후 이른바 '법의 갱신' 시대에 이르러, 합리적인 근거 없이 개인의 자유와 안전, 법적 지위를 위태롭게 하는 손쉬운 입법적 해결에 대한 반성과 경종이 있었음에도 불구하고, 과거사를 정리해야 할 과제를 안은 국가들 중에서는 다시 과거의 법률실증주의자들처럼 법률을 만들어서 쾌도난마식으로 문제를 해결하려는 경향이 두드러지게 나타났다. 공소시효정지를 위한 소급입법 성격을 지닌 「5·18민주화운동 등에 관한 특별법」(1995.12.21. 법률 제5029호)이 그 대표적인 예라고 할 것이다.

5·18특별법 제2조(공소시효의 정지)는 다음과 같이 정하고 있다: ① 1979년 12월 12일과 1980년 5월 18일을 전후하여 발생한 헌정질서파괴

---

66 김일수, 한국의 법치주의와 정의의 문제, 미래한국재단 연구보고서 18-02, 2019, 164면 이하.
67 헌재 1993.9.27. 92헌마284.

범죄의 공소시효 등에 관한 특례법 제2조의 헌정질서파괴범죄행위에 대하여 국가의 소추권행사에 장애사유가 존재한 기간은 공소시효의 진행이 정지된 것으로 본다. ② 제1항에서 '국가의 소추권행사에 장애사유가 존재한 기간'이라 함은 당해 범죄행위의 종료일부터 1993년 2월 24일까지의 기간을 말한다.[68]

공소시효정지와 관련한 이 조문의 문제점은 두 가지다. 먼저 12·12사건의 경우에 전직 두 대통령을 제외한 다른 관련자들의 공소시효는 이미 완성된 단계이므로, 5·18특별법 제2조 제1항은 그들에게 위헌일 소지가 높다. 그들에게 이 조항은 위헌소지가 큰 진정소급입법에 해당하기 때문이다. 그 다음으로 5·18사건의 경우, 범행종료일을 어떻게 잡느냐에 따라 관점이 바뀔 수 있다. 즉 이 사건 관련범죄의 공소시효기산점을 최규하 대통령의 하야일(1980.8.16.)로 잡으면 공소시효는 1995.8.15.에 완성되어, 이 시효정지특별법은 진정소급입법이 될 것이다. 그러나 이 사건관련범죄의 공소시효기산점을 당시 비상계엄령이 해제된 1981. 1.25.로 보게 되면 공소시효는 1996.1.24.에 완성된다. 그렇게 되면 위 특별법상 공소시효정지규정은 국내외 학설과 판례에서 다수 견해가 인정하듯 위헌시비가 거의 문제될 것 없는 부진정소급효에 해당한다.[69]

5·18 광주사태가 전적으로 신군부의 헌정질서파괴범죄라는 전제에서 출발한다 할지라도 그 공소시효의 기산점은 최대통령의 하야일 또는 비상계엄의 해제일과 같은 이런 가정을 통해 해결될 문제는 아니라고 본다. 왜냐하면 6·29선언일 또는 제6공화국헌법 선포일 등 그럴 만한 의미를 지닌 시점은 무수히 많기 때문이다. 오히려 공소시효는 범죄행위를 종료한 때로부터 진행한다(형소 제252조 제1항)고 규정한 해당 형소법 조문의 분명한 취지에 따라, 일련의 비극적 범죄를 포함한 광주

---

68 1993.2.24.는 6공1기 노태우 정부가 종료된 시기이다. 그 다음날인 2.25.부터 6공2기 김영삼 정부가 '문민정부'를 표방하고 출범했다.

69 김일수, 앞의 연구보고서, 170면 이하 참조.

사태가 진정되고 광주에 대한 평화가 선포된 때를, 공소시효의 기산점인 범죄행위종료 시로 삼아야 할 것이라는 주장이 훨씬 일리가 있어 보인다.

공소시효정지에 관한 이 특별법이 진정 소급입법인가 부진정 소급입법인가가 그 위헌여부판단에 중요한 만큼, 그 기산점에서부터 이 특별법이 지닌 태생적 한계와 원초적인 흠결을 찾는 작업은 더욱 치열했어야만 했다. 유감스럽게도 이 점에 대한 논의는 지금까지 그다지 치밀하게 이루어지지 못했다.

독일의 경우도 나치청산의 법적 과제를 안고 있던 1965.4.13. "무기자유형이 법정형으로 되어 있는 범죄의 시효는 1945.5.8.에서 1949.12.31.까지 정지한다"는 내용의 공소시효에 관한 특별법을 제정하였다(제1조 제1항). 또한 1990.10. 통독 후 동독정권이 과거에 저지른 불법을 청산하기 위해 1993.3.26. 동독체제의 불법에 대한 시효정지법률을 제정했다. 그 정지기간은 동독정권이 수립된 1949.10.11.부터 서독에 편입된 1990.10.2.까지다.[70] 독일형사사법계에서는 형법도입법률(EGStGB) 제315a조의 발효 이래, 시효정지제도를 통해 진정소급효를 부진정소급효로 전환시키는 시도가 여러 번 있었고, 그때마다 죄형법정원칙 내지 형벌불소급의 원칙을 우회적으로 침탈하는 것이라는 비판이 가해졌다. 심지어 독일 형법학자 쉬네만(Schünemann) 교수 같은 분은 이런 유의 시효연장법률은 단순한 법률(einfaches Gesetz) 형식으로써 얼렁뚱땅 해치울 성질의 것이 아니라 절차적·내용적으로 헌법개정이나 헌법수정에 비견할 만한 품격과 요건을 지닌 법률(ein verfassungsänderndes Gesetz)의 형식을 빌려서 규정되었어야 했다고 일찍부터 강조한 바 있다.[71]

---

[70] 이 같은 입법조치에 대해 자유법치국가적인 관점에서 이의를 제기하는 목소리가 꽤 높은 편이지만(Jakobs, NStZ 1994, 332f.; Lüderssen, ZStW104(1992), 735f.; Grünwald, StV 1992, 333f.), 유력한 학자들과 연방최고법원, 연방헌법재판소는 소급효금지의 형법제한기능을 응보적 정의의 필요성보다 더 낮게 취급했다(Arth. Kaufmann, NJW 1995, 81f.; Dreier, Mauerschützen, 1993; Roxin, AT I, 3.Aufl., 1997, §5VII Rn.54).

그러나 입법부를 포함한 정치계는 위에서 언급한 바와 같은 단순한
특별 법률의 제정을 통해 문제를 해결하는 방도를 선호하는 편이다. 선
거공학적인 관점에서 어쩌면 특별법이 유권자들에게 더 강렬한 임팩트
를 던져줄 수 있다는 계산이 작용한 때문일 수도 있다. 그러나 더 직접
적인 원인은 정치권력이 법보다 우위에 서서 법을 정치적 목적을 위한
도구나 수단쯤으로 오용할 수 있다고 생각하는 잘못된 셈법에서 찾을
수 있다. 이런 위험한 정치적 계산법이 통용될 수 있는 풍토에선 헌법의
구체화규범이어야 할 형법이 어떤 정치적 목적을 수행하는 편리한 정치
적 도구로 전락하기 쉽다. 형법이 헌법적인 정도(正道)에서 조금만 물러
서게 된다면, 항상 진실과 정의를 추구해야 할 형사사법(刑事司法)도 정
치사법 내지 정치재판으로 변질될 수밖에 없다.[72]

정치적인 격변기마다 어김없이 찾아오는 불청객이 정치입법이요
정치사법이다. 그때마다 공소시효정지를 비롯한 각종 소급입법들이 입
법자들의 손에 의해 너무 쉽게 정치적 도구로 등장하는 것은 법의 세계
에서 큰 고통이요 비극이다.[73] 형법의 정치도구화를 통제할 수 있는 제
도적 장치는 위에서 누차 언급한 '법치국가형법의 국가형벌권에 대한 헌
법적 제한원칙'을 철저히 준수하는 것이다. 국제적으로 공인된 반인륜범
죄 외에는 입법도 사법도 함부로 그 예외를 인정하려 들지 말아야 한다.
이 원칙에 생명력을 불어넣으려면 특히 사법부와 헌법재판소의 정치적
독립 그리고 법과 양심에 따라 이 원칙에 충실하려는 사법일꾼들의 용
기가 무엇보다 중요하다. 그것이 무너질 때, 헌법이 부여한 최후의 무기
는 시민불복종과 국민의 저항권뿐이다. 물론 그것은 예상치 못할 희생
의 대가를 치러야 하는 일종의 큰 모험이기도 하지만 말이다.

---

71   B.Schünemann, Nulla poena sine lege?, 1978, S.26.

72   J.Arnold, Die"Bewältigung" der DDR-Vergangenheit vor den Schranken des
      rechtsstaatlichen Strafrechts, in: Institut für Kriminalwissenschaften(Hrsg.), Vom
      unmöglichen Zustand des Strafrechts, 1995, S.286f.

73   Il-Su Kim, FS-Roxin, S.134.

3. 공소시효의 연장

나치청산의 법적 과제를 안고 있던 서독은 이와 직접 연관된 일련의 입법적 조치들을 죄형법정원칙에 반하여서도 번번이 취했다:

1965.4.13.에 "무기자유형이 법정형으로 되어 있는 범죄의 시효는 1945.5.8.에서부터 1949.12.31.까지 정지한다"는 내용의 공소시효에 관한 특별법을 제정한 데(제1조 제1항) 뒤이어, 1969.8.4.의 제9차 형법개정에 관한 법률에서는 그러한 범죄에 대한 공소시효를 다시 30년간 연장하였다. 끝으로 1979.7.16.자 제16차 형법개정에 관한 법률에서는 한 걸음 더 나아가 일급살인에 해당하는 모살에 대해서는 공소시효완성이 없다는 배제규정을 둠으로써 입법 시마다 따라오던 논쟁의 소지를 아예 뿌리 채 제거해 버렸다.

우리나라에서도 「헌정질서파괴범죄의 공소시효 등에 관한 특례법」과 「5·18민주화운동 등에 관한 특별법」 등 정치적 성격이 강한 일련의 소급적 특별법이 있었으나, 공소시효연장을 위한 소급적 특별입법은 없었다. 다만 일부 성폭력범죄의 공소시효는 디엔에이(DNA) 등 그 죄를 증명할 수 있는 과학적 증거가 있는 경우 10년 더 연장되고(성폭법 제21조 제2항), 아동·청소년 대상 성범죄의 공소시효에도 이와 같은 취지의 특례가 적용되지만(아청법 제20조 제2항), 소급효금지의 예외는 아니다.

4. 공소시효의 배제

공소시효를 폐지하여 그 적용을 배제하는 경우는 보통 사회적 비난성이 높아 극형이 가해질 것으로 예상되는 중대범죄에 대해 선별적으로 이루어지는 경향이 있다. 최근까지 공소시효의 배제로 입법이 이루어졌거나 기존 법률 개정작업의 일환으로 이루어진 경우는 다음과 같은 경우들이다.[74]

---

74 이주원, 전게서, 226면; 노명선/이완규, 전게서, 472면.

첫째, 사람을 살해한 범죄(종범은 제외)로 사형에 해당하는 범죄에 대하여는 공소시효를 적용하지 아니한다(형소 제253조의2). 이는 법 시행 전에 범한 범죄로 아직 공소시효가 완성되지 아니한 범죄에 대하여도 적용한다(동법 부칙 제2조). 이 부칙규정은 살인죄 중 사형에 해당하는 중한 경우(형소 제253조의2)에 대해 부진정 소급효를 가져온 소급입법적인 조치에 해당한다.

둘째, 형법상 강간 등 살인의 죄, 성폭력범죄를 범한 사람이 다른 사람을 살해한 죄(성폭법 제9조 제1항)에 대해서도 공소시효적용이 배제된다.

셋째, 13세 미만의 사람 및 신체적인 또는 정신적인 장애가 있는 사람에 대한 강간, 강제추행, 준강간, 준강제추행, 강간 등 상해(성폭법 제21조 제3항), 그리고 강간 등 살인의 죄(동법 제21조 제4항)에 대하여는 공소시효의 적용이 배제된다. 아동·청소년을 대상으로 한 앞의 범죄에 대해서도 공소시효제도를 폐지한다(아청법 제20조 제3항, 제4항).

넷째, 헌정질서파괴범죄(형법상 내란·외환죄, 군형법상 반란·이적죄)와 집단살해죄(헌정질서파괴범죄의 공소시효 등에 관한 특례법 제3조) 및 국제형사재판소 관할범죄(국제형사재판소 관할범죄의 처벌 등에 관한 법률 제6조)에 대해서도 공소시효가 배제된다.

위에서 열거한 사안들 중 헌정질서파괴범죄의 공소시효 등에 관한 법률에 의해 공소시효가 배제될 범죄에 대해서는 형사소송법 및 군사법원법상 공소시효를 폐지하는 예외조치가 취해진다. 물론 이 특례법은 그 부칙에 정해진 대로 공포한 날(1995.12.21.)로부터 장래를 향해 효력을 발생한다는 점에서 소급입법은 아니다. 따라서 그 한에서 이 법률은 법치국가적으로 문제될 것이 없어 보인다.

문제는 헌정질서파괴범죄는 고도의 정치성을 띤 정치형법의 범주에 들어가야 할 성질의 범죄라는 점이다. 이것을 공소시효배제라는 무기한의 빗장 속에 가두어 두는 것이 과연 내용적으로 실질적 정의이념에 합당하고 또 실천적 효용이 있는 것인지는 의문이다. 단지 한때의 정치적 지배세력이 상징적으로 조성한 이데올로기의 산물이거나 아니면 국가권력체계의 안정을 위한 법 기술적인 기교가 아닌지 하는 점도 의문이다. 왜냐하면 헌법상의 법치국가는 개인의 자유를 한껏 높이 들어 올려 국가권력체계를 최소한으로 작동하는 야경국가수준으로 끌어내리는 기제가 아닐 뿐만 아니라, 개인의 자유를 한껏 끌어내려 국가체제를 신격화하려는 법 기술적인 기제도 아니기 때문이다.[75]

사랑의 형법이념이나 실질적 정의이념으로부터 나오는 인간과 국가의 유기적인 통합관계에 비추어 볼 때, 법은 사회현실의 시간 속에 살아 있는 질서일 뿐이다. 초월적, 초시간적인 영원성에 기대어 선과 악, 적법과 불법, 시민과 적을 양분하여 무기한 고착시키려는 의도는 이데올로기적일 뿐 현실적인 법의 몫이 아니다.[76] 이 의문에 대한 개략의 답을 찾으려면 우리는 왜 국가가 필요한지에 앞서 무엇을 위해 국가가 존립해야 하는지를 먼저 살펴봐야 할 것이다.[77]

5. 공소시효와 형벌불소급의 원칙

공소시효의 정지·연장·배제가 소급입법의 형식으로 이루어질 때 형벌불소급의 원칙과 어떤 경우에 충돌하고 또 다른 어떤 경우에는 충돌하지 않는지 오랜 형법이론학(Strafrechtsdogmatik)의 과제 중 하나이다. 뿐만 아니라 그것은 실무적으로도 정치적 전환기마다 등장하여 논란을 불러일으켜 온 난제 중 하나이다. 우리나라에서는 특히 「5·18민주화운동 등에 관한 특별법」(1995.12.21. 법률 제5029호)이 그 대표적인 예라 할 수 있다.

---

75   콘라드 헤세, 「기본법의 헌법체계에 있어서 법치국가」, 전게서, 142면 이하.
76   김일수, 「위험형법·적대형법과 사랑의 형법」, 형법질서에서 사랑의 의미, 2013, 190-203면; 전게 연구보고서, 62-66면.
77   후술할 정치형법의 문제(VI)에서 이에 대한 답을 찾아보게 될 것이다.

(1) 판례의 입장

우리나라 헌법재판소와 대법원은 원칙적으로 부진정소급효는 인정하지만 진정소급효는 허용되지 않는다는 입장이다. 부진정소급효에 해당할 소급입법은 공익상의 이익과 개인의 신뢰보호 이익 사이를 비교형량 하여 전자의 이익이 우선할 때는 허용된다는 것이다. 반면 진정소급효에 해당할 소급입법은 기존의 법률에 의해 공소시효가 만료한 이후의 조치에 해당하므로, 이미 시효이익을 획득한 개인의 법적 지위의 안전, 즉 처벌로부터의 자유와 안전을 사후입법을 통해 박탈해서는 안 된다는 것이다.[78]

여기까지는 법치국가형법의 일반적 이해수준에 해당하는 것으로 평가할 만하다. 그러나 우리나라의 헌법재판소결정과 대법원판례는 예외적으로 진정소급입법도 허용될 수 있다는 입장이다. 그 예외사유로는 "일반적으로 국민이 소급입법을 예상할 수 있었거나 법적 상태가 불확실하고 혼란스러워 보호할 만한 신뢰이익이 적은 경우와 소급입법에 의한 당사자의 손실이 없거나 아주 경미한 경우 그리고 신뢰보호의 요청에 우선하는 심히 중대한 공익상의 사유가 소급입법을 정당화하는 경우 등"이라는 것이다.[79]

5·18특별법 관련사건에 대한 대법원 전원합의체판결에서 다수의견에 따르면 동법 제2조 제1항이 정한 적용대상은 1979.12.12.와 1980.5.18.을 전후하여 발생한 헌정질서파괴범죄의 공소시효 등에 관한 특례법 제2조가 정한 헌정질서파괴범죄라고 특정하고 있으므로, 그에 해당하는 범죄는 5·18특별법 시행당시 이미 형소법 제249조에 의한 공소시효가 완성되었는지 여부에 관계없이 모두 그 적용대상이 된다는 것이다. 또한 위 법률조항에 대해서는 헌재가 1996.2.16. 96헌가2, 96헌마7 등 사건에서 합헌결정을 내렸으므로 위 법률조항의 적용범위에 속하

---

78 헌재 1996.2.16. 96헌가2, 96헌바7, 96헌바13(병합); 대판 1997.4.17. 96도3376.
79 헌재 1997.6.26. 96헌바94.

는 범죄에 대하여는 이를 그대로 적용할 수밖에 없다는 것이다. 결과적으로는 부진정소급효는 물론 예외적인 경우 진정소급도 허용될 수 있다는 논리다.[80]

문제는 이 예외의 문이 열려 있기 때문에 누구나 필요에 따라 손쉽게 그리로 들어갈 수 있다는 점이다. 다시 말해, 어떤 예외를 허용해야 할 필요가 있는 경우에 그것을 통제할 수 있는 엄격한 문지기가 없으니, 소슬바람도 쉽게 열고 들어갈 수 있는 문이라는 게 문제다. 공소시효특례법 부칙에는 소급적용을 않는다고 명시되어 있지만, 5·18특별법의 위력에 함몰되어 판결하기 편리한 대로 소급 적용된 결과를 낳았다는 사실에 주목할 필요가 있다.[81]

(2) 형법학자들의 견해

형법학자들의 견해는 비교적 단순하게 세 부류로 나눌 수 있다. 첫째, 위에서 본 판례의 입장에 동조하는 입장이다.[82] 독일연방헌법재판소 판례에서 제시한 논거와 마찬가지로 "공소시효는 가벌성(Strafbarkeit)이 아니라 단지 소추가능(Verfolgbarkeit) 기간에 관련된 것이므로 소급적인 시효연장은 단지 행위의 가벌성에만 관련된 죄형법정원칙을 침해하는 것이 아니다"(BVerfGE 25, 287ff.)라는 점을 그 이유로 내세운다. 또한 일찍이 록신(Roxin) 교수가 말했던 바와 같이, 일정기간이 지나면 소추되지 않으리라는 범인의 기대나 신뢰는 마치 범행이 발각되지 않을 것이라는 기대나 신뢰와 마찬가지로 법적으로 보호할 필요가 없다는 점을 들기도 한다.[83]

---

80 대판 1997.4.17. 96도3376.
81 2010년에 출간된 조문숙, 식인(食人)에서 5·18특별법의 부당성이 적나라하게 표현됐다: "미운 사람 털 뽑기 위해 법을 바꾸고 소급입법을 하는 일은 법치국가정신에 반하는 것이다."
82 임웅, 형법총론, 제3정판, 2010, 22면.
83 김성돈, 형법총론, 제2판, 2009, 71면 참조.

하지만 이러한 견해에는 사회적 도피자로서 범죄인이 향유해야 할 시간의 이익에 대한 깊은 성찰이 부족해 보인다. 사회적 약자나 소수자들이 누려야 할 인권이익이나 인권감수성이 강조되는 후기 현대 사회의 인권의식이나 확장된 제도를 통한 인권보장의 현실수준에 비추어 볼 때, 공소시효나 형의 시효가 내포하고 있는 본질적인 의미는 약자로서 범죄인이 기대하는 시간의 이익인 것이다. 이것은 범인이 단지 자신의 범행이 발각되지 않기만을 바라는 순주관적이고 일신전속적인 심리상태와는 다른 차원에 놓여있는 법제도적인 차원으로부터의 객관적인 기대인 것이다.[84]

둘째, 앞서 본 판례와 그 판례의 입장에 동조하는 첫째 견해와 정반대의 입장에 서서, 공소시효가 비록 형사절차법적 규정이라 하더라도 입법자가 의도한 범죄의 가벌성 내지 처벌의 필요성과 연관된 것인 만큼, 진정소급입법은 물론 부진정소급입법도 원칙적으로 금지되어야 한다는 견해이다. 죄형법정원칙과 같은 법치국가적 형법의 원리는 오늘날 여러 정치적·사회적 급류사태에 휩쓸려 마모현상이 나타나고 있는 건 사실이지만, 그럼에도 불구하고 국가형벌권을 단순한 처벌욕구나 응보적 정의의 요구에 부화뇌동하도록 방임해서는 안 될 것이다. 이 점에 비추어 볼 때, 이 입장은 인권감수성 측면에서뿐만 아니라 자유법치주의 형법의 본지를 붙잡으려는 열정과 의지의 표현이라 하겠다.[85]

셋째, 진정소급입법은 금지되어야 하지만 부진정소급입법은 예외적으로 허용될 수 있다는 견해이다. 일종의 절충설이라 할 수 있겠으나 다수의 형법학자들이 이 입장을 견지하고 있다.[86] 이 입장은 대체로 공

---

84 시효제도 자체의 본질적 의미는 시간의 경과가 가져다주는 자유의 의미이다. 그것은 마치 금전의 중요성처럼 현존재의 자기보전과 자기발전의 조건과 법적으로 긴밀하게 연관되어 있는 것이다.

85 강구진, 「죄형법정주의와 적법절차의 원칙」, 고시연구 1983.6, 116면; 이정원, 형법총론, 제2판, 2001, 19면; 김영환, 「공소시효와 형벌불소급의 원칙」, 자유주의적 법치국가, 2018, 347면 이하; 오영근, 형법총론(보정판), 2005, §3/38.

86 김일수/서보학, 전게서, 61면 이하; 박상기, 전게서, 31면, 배종대, 전게서, 72면; 이

소시효가 형사소송법상의 제도라는 점에 무게를 두고, 형사소송법은 형법상 소급효금지가 보호하고자 하는 법적 안정성·신뢰이익보호·예측가능성과 무관하기 때문에, 공소시효규정이 소급 변경되더라도 죄형법정원칙과 충돌하지 않는다는 데서 출발한다. 더욱이 공소시효이익에 대한 범인의 기대는 법적으로 승인되거나 보장되는 것은 아니기 때문에, 설령 공소시효규정이 소급 변경되더라도 이해당사자인 범인의 법치국가적 권리가 침해되는 것으로 보기 어렵다는 점도 든다.

다만 전체적인 형법의 실현영역에서 판례가 말하듯 소급입법에 의해 당사자의 손실이 없거나 그 손실이 아주 경미한 경우란 있을 수 없기 때문에 공소시효가 이미 완성된 경우에는 새로 만든 소급입법에 의해 기왕에 발생한 시효완성의 효력을 박탈할 수 없다는 것이다.

이 견해가 이른바 진정소급입법에 대해서는 어떤 예외도 인정할 수 없다는 점에서 판례의 입장보다 법치국가원리와 인권보장원리에 더 가까이 다가선 점은 긍정적으로 평가할 만하다. 그러나 죄형법정원칙이 실체형법상 죄와 벌의 조건에만 적용될 뿐 공소시효와 같은 절차법규정과는 아무 상관이 없다는 논리는 낡은 것으로 보인다. 공소시효제도 자체의 성격에 관한 형사소송법학자들의 견해도 일치된 것이 아닌데다, 그것이 입법자가 의도한 행위의 가벌성과 처벌필요성과 무관하지 않기 때문에, 시간이 안겨다 주는 소산을 범인이 기대하고 향유할 아무 처지에도 처하여 있지 않다는 논리는 만족스럽지 못하다. 특히 오늘날 헌법의 인간존엄성과 행복추구권의 관점에서 볼 때 무엇인가에 둔감한 점이 없지 않은 것 같아 보인다. 그러므로 부진정소급입법이 예외적으로 허용될 수 있는 경우를 상정할 요량이라면, 예컨대 "신법이 제정될 때까지 범죄행위가 계속되고 있는 경우"[87]라는 식의 좀 더 실용적이면서도 엄격

재상, 전게서, §2/20; 정성근/박광민, 형법총론, 제2판, 2005, 18면; 김성돈, 전게서, 72면; 박미숙, 공소시효제도에 관한 연구, 형정원연구총서 04-33, 85면 이하 등.
87   정성근/박광민, 전게서, 18면; 물론 이러한 제한기준이 계속범에게만 적용될 것을 전제한 것이라면 그 실제적인 적용 기회는 매우 제한적이라 할 수밖에 없을 것이다.

한 제한의 잣대를 찾는 노력이 필요해 보인다.

(3) 소결 ─ 공소시효에 대한 형벌불소급의 원칙

우리나라 헌법재판소가 5·18특별법 제2조와 관련하여 이 법률시행당시 공소시효가 이미 완성된 것으로 볼 때, 이 법률이 헌법에 위반하는 가에 관해서는 당시 재판관들 사이에 의견이 분분했던 것을 알 수 있다.[88] 재판관 김진우, 이재화, 조승형, 정경식 등 4인은 그래도 합헌이라는 의견이었고, 재판관 김용준, 김문희, 황도연, 고중석, 신창언 등 5인은 한정위헌이라는 의견이었다. 결국 헌법재판소법 제23조 제2항 제1호에 정해진 바, 위헌결정을 위한 정족수에 이르지 못하여 5·18특별법 제2조가 합헌으로 결정된 것이다. 이 사실은 우리들에게 공소시효를 둘러싼 헌재의 결정이 결코 확신에 찬 확고한 결정이 아니었으며, 따라서 언제든 위헌논쟁의 불씨는 재 점화될 수 있다는 점을 암시하기에 충분해 보인다.

그 밖에도 과거의 특정사건에 연루된 인사들을 척결하기 위한 정치적 의도를 가지고, 그 처벌에 장애요소가 될 만한 법치국가적 제한 요소들을 없애버리고자 개별사건법률로써 공소시효를 정지하는 조치를 취한 것에 주목할 필요가 있다. 이런 형식의 개별사건법률은 법치주의 관점에서 정당화하기 어렵기 때문이다. 공소시효 정지는 원칙적으로 법률상 소추장애사유가 존재하는 경우에만 인정된다(독일형법§78b①). 이런 이유로 전두환 전 대통령에 대한 공소시효에서 헌법 제84조가 장애사유인지도 헌재에서 논란이 있었거니와 나머지 12·12와 5·18 주역들에게는 공소시효정지사유가 성립되기 어렵다. 왜냐하면 사실상의 소추장애사유는 공소시효정지사유로 인정할 수 없기 때문이다.

사정이 이러하다면 12·12와 5·18사건의 법적 처리는 애당초 개

---

88 이에 관한 상세는 김일수, 전게 연구보고서, 173면 이하 참조.

별사건법률 제정방식이 아니라, 기존 형법의 테두리 안에서 판결을 통한 해결방안에 중점을 두었어야 옳았다고 판단된다. 사법부와 헌법재판소는 넘쳐흐르는 정의의 요구가 자칫 정치적인 폭력으로 변질되지 않도록 감시하고 조절하는 기능을 담당하도록 헌법적 위임을 받고 있다. 그런 점에서 우리는 과거로부터 누적되어 온 많은 기대실추에도 불구하고 다시금 이들 헌법기관을 인권보장의 최후보루라고 고백하는 것이다.

법치국가형법에서 소급효금지의 의미는 한 정치권력의 통치기간이 끝난 후 형법수단을 동원하여 이미 과거가 된 권력의 실세들을 복수하고자 히는 정치적 보복에 형사입법이나 사법이 끌려다니지 않도록 하는 데 중점이 있다. 사후입법의 유혹에 빠지기 쉬운 정치권력으로부터 과거 한때에는 강자였을지라도 지금 여기에서는 약자의 처지에 놓인 개개인의 자유와 안전을 보장하는 데 쓰이는 빗장이 소급효금지의 원칙이다. 그러므로 소급입법금지는 자유를 보장하는 법적 안정성 이념의 요체인 것이다. 이것이 값싼 응보적 정의이념보다 낮게 취급될 수 없다는 점을 특히 문민독재가 가능한 정치후진국에 사는 국가시민일수록 더욱 유념할 일이다.[89]

---

89   Il-Su Kim, FS-Roxin, S.123f.; 김일수, 전게연구보고서, 172면.

VI

정치형법의 문제

1. 국가의 존재이유

국가의 존재이유에 관한 해명을 우리는 현실의 사회생활에서 경험적으로 알 수 있는 인간의 본성으로부터 도출할 수 있다는 전제에서 출발해 보려고 한다.[90]

일찍이 홉스(Hobbes)는 "인간은 인간에 대하여 신(神)인 동시에 늑대이다"(homo homini deus et homo homini lupus)라는 명제를 통해 인간성의 이중적 성격, 즉 신적 속성과 동물적 속성을 국가론의 기초로 삼았다. 인간이 문화상태를 이룩하여 시민 상호 간의 관계가 국가조직 안에서 법이 지배하는 상태하에 놓일 때 만인은 만인에 대해 자비로운 신의 성품을 따라 행동할 수 있지만, 인간이 자연상태로 되돌아가 이를 통제할 수 있는 어떤 상위의 권력도 없고 폭력만 난무하는 형편에 처할 때 만인은 만인에 대해 늑대와 같이 행동할 수밖에 없다는 지적이다.[91] 그러므로 국가는 인간의 이 동물적 속성을 통제하여 신적 속성이 발현될 수 있는 조건을 창출해야 할 과제를 안고 있다.

그렇다면 국가의 존립과 안전의 보호는 국가 그 자체로부터 도출되는 것이 아니라 바로 인간의 인간성 자체에 내재한 이러한 본성으로부터 도출할 수 있는 것이다. 왜냐하면 인간의 파괴적 속성은 국가와 법을

---

90   김일수, 한국형법 VI, 1997, 787면 이하 참조.
91   베르너 마이호퍼, 법치국가와 인간의 존엄, 심재우 역, 1994, 126면.

통한 안전과 질서 없이 통제할 수 없고, 인간의 창조적 속성도 국가와 법을 통한 안전과 질서 없이 유지·발전할 수 없기 때문이다.

그러므로 국가는 그 자체 자기목적을 갖고 있는 것이 아니라 개인과 사회의 자기보전과 자기발전의 목적을 위한 수단에 불과하다. 홉스의 말대로 "국가는 자기 자신 때문이 아니라 시민 때문에 만들어졌다." 그렇다면 국가는 단순히 추상적인 어떤 공동선이나 공공이익을 위해 봉사하는 기구가 아니라 구체적인 시민의 자유와 복리를 위해 봉사하는 기구인 셈이다.

국가가 이처럼 시민의 자기발전과 자기보전이라는 주관적 목적을 실현하기 위하여 외부적·객관적 조건들을 보호하고 확립하는 기능을 수행하는 한, 국가의 존립과 안전, 국가의 보호기능은 형법적으로도 보호받을 만한 가치가 충분하다. 국가가 이 같은 질서와 안전을 위한 보호기능을 수행하는 한, 시민 각자도 국가의 존립과 안전을 승인해야 하고 또 국가의 법에 의한 지배에 복종해야 할 의무를 진다. 이것이 곧 근대 자유주의 정치사상인 사회계약론의 본질적 의미이며 또한 현대 자유민주주의적 법치국가의 존재론적·인간학적 정당성의 근거가 된다.

2. 국가의 임무와 한계

자유민주주의적 법치국가는 인간을 국가의 목적으로 삼을 뿐만 아니라 인간의 자유와 안전 사이의 한계가 문제될 때 원칙적으로 자유를 안전보다 우선시한다. 더 나아가 개인의 자유·안전과 국가의 안전 사이의 한계가 문제될 때 원칙적으로 개인의 자유·안전을 국가의 안전보다 우선시한다. 안전이 자유의 조건이지 결코 자유가 안전의 조건일 수 없고, 국가의 안전이 개인의 자유·안전을 위한 조건이지 결코 개인의 자유·안전이 국가안전의 조건일 수 없기 때문이다. 두말할 것도 없이 안전과 평온은 관헌국가나 경찰국가, 독재국가 같은 부자유한 권력국가도 유지할 수 있다. 그러나 자유민주주의적 법치국가는 입법·사법·행정 등 구체적인 국가작용에서 더 많은 자유와 더 많은 안전 사이에서 어느 것을 선택해야 할지 의심스러운 경우에는 언제나 안전보다 자유를 중시하고 우선시한다. 자유국가의 국법질서에서는 언제 어디서나 자유가 목적이고 안전은 자유를 위한 수단으로 간주되기 때문이다.[92]

그러나 부자유한 권위주의국가 내지 강압적인 권력국가는 역으로 자유의 보장과 안전을 위한 자유제한 사이에 의문이 생길 경우 언제나 자유보다 안전을 우선시킨다. 여기에서는 "명백히 허용되지 않은 것은 금지된다!"는 행위명령이 국가시민들에게 과해진다. 왜냐하면 "의심스러울 때는 자유에 불리하게, 강제에 유리하게"라는 명제가 권력국가의 원칙이기 때문이다. "명백히 금지되지 않은 것은 허용된다!"는 행위명령으로부터 출발하는 자유민주주의적 법치국가의 질서원칙, 즉 "의심스러울 때에는 자유에 유리하게, 강제에 불리하게"라는 원칙과 정반대의 명제로부터 강압적인 권력국가는 출발하고 있기 때문이다.[93]

따라서 자유민주적 법치국가에서는 보호할 타인의 이익이나 어떤 공익이 존재하더라도 자유를 제한할 가치합리적·목적합리적 근거가 있을 때, 국가는 법을 통해서만 비로소 개인의 자유를 제한할 수 있다. 타인이나 공적인 안전이익을 보호하기 위한 필요성의 정도와 이로 인해 개인에게 발생할 수 있는 부자유와 불안전의 정도 사이에는 비례성이 있어야 할 뿐만 아니라, 한 개인의 법익을 최소한으로 침해하면서 타인의 법익을 최대한으로 보호하는 결과를 가져오리라는 예상을 뒷받침하는 정책적인 합리성이 입증되어야 한다. 안전을 위해 필요 이상으로 과도한 자유제한을 하는 국가의 권력 작용은 그것이 입법작용이건 행정작용이건 사법작용이건 가치합리성과 목적합리성을 결여한 권력남용으로

---

92   김일수, 전게서, 789면; 물론 오늘날 후기현대의 위험사회에서는 안전의 비중이 어느 때보다 더 높아진 것은 부인할 수 없는 사실이다. 이에 관한 비판적 고찰은 김일수, 「사회안전과 형사법」, 전게서, 1-25면; 조프스키, 안전의 원칙(2006), 이한우 역, 2007, 특히 225면 이하; 징엘슈타인/슈톨레, 안전사회 제3판, 윤재왕 역, 2012, 112면 이하 참조.

93   베르너 마이호퍼, 앞의 책, 139면.

귀결될 공산이 크다. 그러한 권력남용의 가능성에도 불구하고, 그것을 통제할 수 있는 법치국가적 기제가 작동하기 어려운 상황이 지속될 때, 우리는 그것을 자유민주주의적 법치국가와 대립되는 의미에서 권력국가·독재국가라고 지칭한다.[94]

자유민주주의적 법치국가라고 해서 결코 완전한 국가관이라 단정지을 수 없다. 그러나 그것이 계몽주의 이래 근대시민사회에서 인간이성이 발견하고 발전시켜 온 최선의 국가관이라는 점에 대해 의심할 필요는 없다. 그럼에도 오늘날까지도 인간의 존엄과 가치, 개인의 자유와 안전을 국가기능의 우선적인 목표로 삼고, 인간을 위해 봉사하는 자유민주주의적 법치국가의 실현은 대내외적 갈등과 분쟁으로 인해 도처에서 도전받고 있다. 도덕적·법적 문화상태(status culturalis)라고 부를 수 있는 유토피아를 향한 인간과 사회의 진보는 아직 완성되지 않았기 때문이다.

3. 정치형법의 존재이유와 필요성

그 발전에 한 걸음 더 다가서고자 하는 구체적 유토피아의 관점에서 형법은 자유민주주의적 법치국가의 존립과 안전 및 헌법질서를 보호하는 죄형법규를 필요한 최소한의 범위에서 두고 있다. 여기에서 중점은 내란의 죄와 외환의 죄에 있음은 두말할 필요가 없다. 하지만 우리헌정사에서 군사쿠데타와 군사반란 등으로 인해 헌정질서가 장기간 교란·왜곡되어 온 사실에 기초하여 앞서 언급했던 헌정질서파괴범죄는 형법상 내란죄·외환죄 그리고 군형법상의 반란죄와 이적죄를 포괄한다. 흔히 이런 유의 범죄행위는 국사범(國事犯) 또는 정치범이라 부르며, 이에 관련된 죄형법규를 통틀어 정치형법이라 한다.

여기서 정치범이란 정치적 동기에서 저지른 범죄를 뜻하는 것이 아

---

94   베르너 마이호퍼, 앞의 책, 155면.

니라 객관적으로 정형화된 국가의 존립과 안전, 헌법질서를 보호하는 죄형법규를 침범함으로써 성립하는 범죄를 말한다. 따라서 정치형법도 행위자의 정치적 동기에 따라 결정된 죄형법규를 대상으로 하는 것이거나 정치적 도구화한 형법이라는 의미가 아니다. 오히려 헌법이 보장하는 국가기관의 존립, 제도와 체제의 안정, 국가 및 헌법이 인정하는 정치적 단체의 통합기능을 위해하는 일정 행위양태를 규율대상으로 삼는 죄형법규를 통틀어 정치형법이라 부른다.[95]

형법에서 보호하고자 하는 국가제도와 기능은 헌법적 가치질서에 따른 자유민주주의적 법치국가의 제도와 작용에 국한된다. 국수주의(國粹主義)처럼 국가 자체가 자기목적이 아니기 때문이다. 국가권력 작용이 인간의 존엄과 개인의 자유·안전 및 자유사회의 발전에 기여하는 수단인 점을 인정하는 한, 이 같은 제한은 윤리적 요청일 뿐만 아니라 법규범적 귀결이기도 한 것이다.[96]

21세기 초를 전후하여 적대형법(Feindstrafrecht)의 등장으로 정치형법의 영역이 확장되는 현상을 주목할 필요가 있다. 한 국가사회의 존립 자체를 파괴하려 드는 극단적인 범죄, 예컨대 테러범죄나 조직범죄자군에 대응하려면 전통적인 법치국가 틀 안의 형법과 형벌권은 범죄통제수단으로 별 도움이 되지 않는다는 이유에서이다. 법치국가형법에 의하면 그 형법의 규범위반자를 규범준수에서 일시 일탈한 동료시민으로 간주하기 때문에, 그에 대한 형벌은 포섭(inclusion)과 사회복귀가 주목적이 되어야 한다. 하지만 국가형벌권을 두려워하지 않고, 오히려 능멸하려드는 특정범죄자군은 사회의 존립 자체를 뒤흔들 위험이 있기 때문에, 사회의 적으로 간주하여 사회로부터 배제(exclusion)시켜야 한다는 것이다.[97]

---

95   Beck, Unrechtsbegründung und Vorfeldkriminalisierung, 1992, S.107.
96   Maurach/Schroeder/Maiwald, BT/2, 7.Aufl., 1991, §82 I Rn.1(S.285).
97   G.Jakobs, Kriminalisierung im Vorfeld einer Rechtsgutsverletzung, ZStW 97 (1985), S.751f.

그러나 적대형법사고에 의한 정치형법의 영역확장은 법치주의와 법치국가형법에 대한 큰 위험이 될 것이다. 왜냐하면 정치적인 관계로서 친구-적-관계의 사고를 너무 쉽게 형법에서 시민-사회의 적-관계로 전환해서는 안 되기 때문이다. 정치적인 것의 핵심이 적과 동지의 구분에 있다고 주창한 칼 슈미트(Carl Schmitt)의 착상에 의하면 적이란 "실존적으로 다르고 낯선 존재"[98]이며, 끝없는 투쟁의 대상일 뿐이다. 적에 대한 극한적인 투쟁, 즉 그 효과적인 진압과 배제를 위해서는 이들 공동사회의 적에게 결코 법치국가형법과 형사절차법이 승인한 자유보장책이 가당치 않기 때문에 광범위한 예외상황이 허용되어야 한다는 것이다. 적대형법은 국가와 사회의 안전을 심각하게 위태롭게 하는 잠재적인 범죄원천을 적으로 지칭하고, 그런 적들은 사람이 아니라 난폭한 짐승과 같은 비인격(Unperson)으로 간주되기 때문에, 형법의 수단을 총동원하여 사회로부터 배제시켜야 할 외톨이(Individuum)들이라는 것이다.[99]

적대형법의 경향은 미국에서 9·11테러 직후 테러와의 전쟁을 위해 제정되었던 애국법(Patriot Act)이나 독일의 테러·조직범죄와의 투쟁형법(Bekämpfungsstrafrecht) 규정 그리고 우리나라의 종래 국가보안법, 반국가행위자처벌에 관한 특별법 그리고 정치적인 힘에 이끌려 법적 과거청산작업의 손쉬운 도구로 동원된 헌정질서파괴범죄의 공소시효 등에 관한 특례법, 5·18민주화운동 등에 관한 특별법 등에서도 찾아 읽을 수 있다.

4. 정치형법의 일탈가능성과 적정한계

문민정부에서 일어났던 과거청산은 법치국가와 자유사회의 확립

---

98 C.Schmitt, Theorie des Partisanen, 1975, S.93.

99 G.Jakobs, Bürgerstrafrecht und Feindstrafrecht, in: Foundation and Limits of Criminal Law and Criminal Procedure, 2003, S.62; ders., 「Personalität und Exklusion im Strafrecht」, FS-D.Spinellis, 2001, S.462f.

및 새로운 사회통합을 위한 작업이었어야 할 뿐 아니라 그 과정도 법치주의의 틀 안에서 적법절차의 원칙을 따라 수행되었어야 할 과제였다. 그러나 당시 이 특별법제정을 통한 과거청산 작업은 복합적인 정치적 계산이 깔려 있었을 뿐만 아니라, 특히 가해자처벌에 의한 피해자들의 만족효과에 치우친 점이 없지 않았기 때문에, 보편적인 입법의 원리를 일탈하여 특정사건과 특정개인들을 표적으로 삼고 겨냥한 점이 없지 않았다.

또한 응보적인 정의에 과도하게 치우친 처벌욕구 때문에 소급입법 성격을 지닌 시효정지법률을 제정함으로써 자유법치국가형법의 헌법적 제한원리인 소급효금지원칙의 본지를 무시하거나 훼손할 정도까지 이른 것이었다. 구체적인 특정 법률이 피해자의 적나라한 복수감정을 충족시키기 위해 특정사건 가해자들을 옭아매는 도구로 봉사해야 할 요청은 법치국가원리나 법치주의원리 어디에서도 찾아보기 어렵다. 비록 고상한 정의의 이름을 내걸었어도 말이다.

따라서 아무리 중한 국사범 범인이라 하더라도 법질서에서 정의와 사랑의 변증법적 지양을 추구하는 우리는 소급입법을 통한 진압까지 정당화시킬 수 없다는 생각이다.[100] 이에 대한 특단의 예외가 있다면 오늘날 국제법적으로도 공인된 집단학살 내지 인종청소, 전쟁범죄 또는 인간성에 반하는 범죄 정도를 꼽을 수 있을 것이다. 왜냐하면 이들 범죄는 대개 국가권력이나 이데올로기에 사로잡힌 정치집단이 앞장서서 저지르기 때문에 규모가 크고 질적으로도 잔인하기 때문이다.

더 나아가 깊이 들여다보면 이러한 국가불법 내지 체제불법은 본질적으로 한 개인 또는 한 희생자집단을 선별하여 그들이 지니는 인간의 존엄성을 직접 침해하는 범죄라는 점이다. 희생자를 고립무원의 상태에 몰아넣고 인간과 세계에 대한 신뢰는 물론 자기 자신에 대한 신뢰까지 고갈시켜, 한 인간의 인격을 인간이 아닌 비인간, 즉 단순한 물건이나 도

---

100   김일수, 「나의 형법학 이해 30년」, 형법질서에서 사랑의 의미, 340면 이하 참조.

구로 전락시키는 범죄이기 때문이다. 이것은 직접적으로 희생자에 대한 모욕과 고통이지만, 간접적으로 인간가족에 대한 모멸인 것이다.[101]

그러나 이 본질적인 범위에 속하지 않는 국가불법이나 체제불법도 있을 수 있다. 단지 국가공권력 수행자들 중 일부의 빗나간 충성심이나 탐욕에서 비롯된 살상범죄나 고문 내지 성폭력범죄 또는 관권선거나 조직적인 투개표와 여론조작 등의 선거부정도 있을 수 있기 때문이다. 정권안위를 위해 비록 그와 같은 범죄들에 대한 사후의 조직적인 은폐·조작 시도가 있다손 치더라도, 그것은 개인적 불법에 무게를 두어야 할 사안이지 인간의 존엄을 직접 침해하는 범죄와 동일시해서는 안 되며, 섣불리 국가범죄라고 단정해서도 안 될 것이다. 이런 점에서 최근에 논의가 활발한 국가범죄 내지 반인권적 국가범죄(state crimes against human rights)라는 용어는 아직도 그 범주가 불명확한 개념이므로, 그것을 바탕으로 한 입법정책이나 입법론적 발의는 오히려 자유민주주의적 헌법질서와 형법질서를 위태롭게 할 가능성도 없지 않아 보인다.[102]

아직 윤곽이 불명확한 국가범죄 내지 반인권적 국가범죄라는 이유로 형법 제122조의 직무유기나 제123조의 직권남용죄, 제124조의 불법체포감금죄, 제125조 인권관련 직무 공무원의 가혹행위 등에까지 법치국가형법의 헌법적 제한원리들에 대한 예외를 인정하려는 시도에 대해서는[103] 신중한 검토가 필요하다 하겠다. 특히 완성된 공소시효를 소급적으로 배제하거나 정지시키는 것은 정당화하기 어렵다. 미완성된 공소시효를

---

101 심재우, 「인간의 존엄과 법질서」, 고대 법률행정논집 제12집, 1974, 105면 이하; 김일수, 형법질서에서 인간의 존엄, 고려대 석사논문, 1975, 63면 이하 참조.

102 이에 관한 국내 문헌으로는 김성돈, 국가폭력과 형법 그리고 헌법, 법조, 2018; 변종필, 「반인도적, 국가적 범죄와 공소시효」, 비교형사법연구 제8권 제1호, 2006; 심재우, 「시민불복종과 저항권」, 한국법철학회편, 법치국가와 시민불복종, 2001; 김일수, 「도덕성을 잃은 공권력은 폭력이다」, 법·인간·인권, 제3판, 1996, 207-216면.

103 조국, 반인권적 국가범죄와 공소시효의 정지, 법률신문 제3053호(2002.02.25.), 14면; 박은정/한인섭, 5.18 법적 책임과 역사적 책임, 1995, 131면; 박상기, 공소시효배제입법 토론문 자료집, 2002.8.26. 11면 이하; 박미숙, 공소시효제도에 관한 연구, 형정원연구총서 04-33 2004, 116면.

소급적으로 배제·연장시키는 것도 가장 절제된 범위 안에서 고려해야 한다. 시효의 정지 입법을 통해 실질상 진정소급효가 부진정소급효로 둔갑하는 우회적인 비공식적 통로가 작동하도록 결코 방치해서는 안 될 것이다. 어떤 경우에도 처벌필요성만으로써 가벌성(Strafbarkeit)과 당벌성(Strafwürdigkeit)이 근거지어질 수는 없는 노릇이기 때문이다.[104]

우리나라보다 더 숨 가쁘게, 더 철저하게 법적 과거청산에 매진했던 독일의 정치형법분야에서도 이른바 '법익침해 전 단계까지 처벌확장'(Vorfeldkriminalisierung)이라든지 상징입법(Symbolische Gesetzgebung) 등이 빈번해지는 실정이다. 이들 현상 가운데 공통된 점은 정치적 적대세력들을 사회에 위험한 공공의 적으로 쉽게 낙인찍기 위해 형사입법을 제약할 수 있는 죄형법정원칙을 필요에 따라 신축성 있는 도구로 전락시키고 자유주의적 이론 장치 중 하나인 법익관련성을 완화시키거나 유죄입증이 편리한 추상적 위험범의 형식으로 입법하는 기술을 광범위하게 활용하는 경향이 점증하고 있다는 지적이다.[105]

다시 한 번 더 강조하거니와 정치형법의 입법이나 해석적용에서 필요한 것은 자유민주주의적 법치국가의 정신에 입각한 헌법적 국가관에 따라, 시류에 쉽게 흔들림 없이, 될 수 있는 대로 최대한 책임원칙과 죄형법정원칙 그리고 비례성의 원칙을 확고히 붙잡는 일이다. 그러자면 자유민주주의적 법치국가의 정치형법은 그 보호기능에서 "의심스러울 때는 사회와 국가의 안전보다 개인의 자유에 유리하게" 즉, "부득이 한 사람의 자유와 안전을 침해할 경우에도 그것을 최소화하여야 한다는 원칙"에 따라 형성·집행되어야 한다. 그것이 인간의 존엄과 가치를 존중하고 보호하는 자유민주주의적 법치국가의 형법질서이기 때문이다.

그러므로 자유민주주의적 법치국가질서 내의 정치형법은 결코 정치적으로 흘러가서는 안 된다. 정치형법이 정치적 목적으로 적과 동지를 구별해 놓은 뒤, 동지들끼리 연합하여 적을 가차 없이 사회로부터 배

---

104   Il-Su Kim, Die Bedeutung der Menschenwürde im Strafrecht, 1983, S.250.

105   W.Hassemer, Symboilsches Strafrecht und Rechtsgüterschutz, NStZ 1989, S.558.

제시키는 정치공학의 기술적인 도구로 변질돼서도 안 된다.

결론적으로 요약해서 말하자면 정치형법도 자유이념에 입각한 전통적인 시민형법(Bürgerstrafrecht)의 범주를 벗어날 수 없다는 점이다. 정치형법의 규범위반자들도 사회복귀의 관점에서 사회화·재사회화와 자기화·인격화가 필요한 공동사회 시민의 일원이라는 점을 잠시라도 잊어서는 안 될 것이다. 어떤 경우에도 정치적인 적대감이나 정치공학적인 배제가 아니라 실천이성과 사랑의 법정신이 정치형법을 인도하도록 해야 한다.[106]

이러한 형법의 미래지평 위에서 우리는 살인자나 헌정질서파괴자에 대해서도, 그가 교도소 안에 있는 재소자이건 아직 교도소 밖에서 숨어 지내는 도망자이건 간에, 사회의 정상적인 일원으로 복귀하는 데 유리하도록 법 앞에 평등한 인격적 대우를 해줘야 한다는 생각이다. 본질적으로 우리들의 법 공동체(Rechtsgemeinschaft)에서 법은 죽을죄를 진 사람이라 할지라도 자유와 자기책임 안에서 죄와 허물의 무거운 짐을 벗어 버리고 인간답게 살아갈 수 있도록 법적 평화의 길을 열어 주고 장래의 희망을 북돋아 주는 생명과 사랑과 포용의 법이기 때문이다.

이런 맥락에서 특정사건의 특정인들에게 진정소급효는 말할 것도 없고 부진정소급효 성격의 소급입법까지도 그들에 대한 정치적 적대감이나 사회적 차별대우를 기술적으로 심화시키는 배제도구가 되도록 해서는 안 될 것이다. 더 나아가 불확실한 장구한 세월동안 이들을 몹쓸 사람으로 낙인찍는 헐렁한 도구로 오용되는 일이 없도록 공소시효제도 전반에 대해 현대의 인권신장과 인권감수성의 높이에 걸맞도록 새로운 주의를 기울일 필요가 있다고 하겠다.

106　김일수, 한국형법 IV, 792면.

Ⅶ
형법에서 시간적 정의의 문제

1. 법과 시간 그리고 시간적 정의

(1) 시간의 개념

법의 본질적인 의미를 규명하기를 원하는 사람이라면 인간의 실존적인 삶, 인간의 현존재에 대한 규명과 함께 법과 시간의 관계 및 법과 시간적 정의(正義)의 문제를 묻어 두고 그냥 지나쳐 버릴 수 없는 노릇이다. 이미 널리 알려진 바와 같이 시간의 형이상학은 고대세계의 아리스토텔레스(Aristoteles)나 중세초기의 성 아우구스티누스(Augustinus)를 거쳐[107] 근대의 칸트(Kant)와 헤겔(Hegel)에 이르기까지 철학과 신학적 관심의 대상이었으나,[108] 현대에 이르러 다시금 이 문제를 철학적으로 되살려 낸 사람은 베르그송(Bergson)과 하이데거(Heidegger)이다.[109] 이들에 따르면 시간(Zeit)이란 실존론적인 면에서 현존재(Dasein)의 본래적인 리

---

107   Aristoteles, Physikvorlesung IV(H.Wagner 역), 1967, 208a-217b; Aurelius Augustinus, Bekenntnisse(W.Thimme 역), 1982.

108   I.Kant, Kritik der reinen Vernunft, in: Bd.6 der Werke in 10Bdn(W.Weischedel 편), 1983, B X-B XV; Hegel, Vorlesungen über die Philosophie der Geschichte(전집 제12권), 1970; Hegel, Die Vernunft in der Geschichte. Einleitung in die Philosophie der Weltgeschichte(G.Rasson편집), 1917.

109   H.Bergson, Zeit und Freiheit(Nachdruck der 2.Aufl.) Jena 1920; M.Heidegger, Sein und Zeit, 15.Aufl.(이기상 역, 10쇄), 2010, 제2편 현존재와 시간성(311-567면).

듬을 말한다. 그것을 자유라고 이해한다면 구체적인 의미에서 그 자유는 바로 존재(Sein)에 대한 현존재의 무기력·무능의 표현이며 동시에 인간존재의 한계와 궁핍을 분명히 말해 주는 것이기도 하다. 객관적인 자연적 존재에 관련된 자유는, 일찍이 스피노자(Spinoza)가 말했듯이, 실은 자유가 아닌 필연성과 맞닿아 있기 때문에 시간개념을 중시하지 않는다. 그러나 인간의 현존재는 오직 절대적인 무와 절대적인 존재 사이에서 일어나는 무한한 가능성의 중심에 놓여 있기 때문에, 순수한 의미에서의 자유 또한 여기에 함께 놓여 있는 것이다. 그러므로 이 현존재는 시간과 무엇인가 본질적인 연관관계에 놓여 있으며, 더 나아가 시간을 가지고 측정할 수도 있는 것이다.[110]

(2) 인간존재와 시간

이 세계 내에 존재하는 모든 사물들은 그 어떤 것도 시간을 초월하여 영원히 존재할 수 없다. 그 모든 것들을 창조하고 섭리하고 이끌고 계시는 창조주만이 영원히 계시는 절대자이기 때문이다. 피조물 가운데 가장 빼어난 인간존재라 할지라도 시간을 초월할 수 없는 시간적 존재일 뿐이다. 그러므로 그의 의식과 삶 속엔 불완전성과 그로 인한 염려로 가득 차 있다. 인간의 현존재는 지금 당장에는 예측할 수 없지만 언젠가는 틀림없이 찾아오고야 말 죽음과 대면하고 있는 시간적인 존재이기 때문이다.[111]

다 같은 시간적 존재이면서도 정신적·인격적 존재인 인간은 다른 비정신적인 실재들과 본질적으로 구별된다. 순수한 물질, 식물 또는 동물들도 현존재의 시간적 한계성을 벗어날 수 없지만, 인간과 달리 그들

---

110 E.Opocher, Recht und Zeit, in: Arth.Kaufmann(Hrsg.), Die ontologische Begründung des Rechts, 1965, S.319.
111 하이데거는 "인간은 태어나자마자 이미 죽기에는 충분히 늙어 있다"는 중세의 지혜를 인용하면서 죽음은 현존재가 존재하면서부터 떠맡는 한 존재방식임을 말한다. 이기상 역, 존재와 시간, 전게서, 329면.

은 실존의 삶 속에서 본질적으로 가치 있는 그 무엇을 실현해야 할 시간의 기본적 성격조차 알지 못하고 또 알 수도 없기 때문에 시간의 본질적인 의미인 역사성(Geschichtlichkeit)을 논할 대상이 못 된다는 사실이다. 그들의 현존재는 자연의 필연성이나 본능의 굴레에 속박되어 있기 때문에 실은 아무런 자유를 향유할 수 없다. 따라서 자유를 위한 모험이나 의사결정도 없고 실패에 따르는 책임도 있을 수 없다.

그러나 인간의 경우는 이와 본질적으로 다르다. 인간은 자유 안에서 정신적인 자기의식과 자기결단을 가지고 자신의 삶 전체를 영위해 나가야 하며 스스로 자신의 인격을 윤리적으로 발전시키고 또 보존해 나갈 수 있고 또 보존해 나가야 할 책임이 있다. 이 점에서 인간만이 역사성을 지니고 있다고 말할 수 있는 것이다. 하이데거는 그의 '존재와 시간'에서 본래적이고 근원적인 의미에서 인간의 현존재(Dasein)만이 역사성을 갖는다고 말했고, 에밀 브루너(E.Brunner)도 오직 유한한 정신적 존재인 인간만이 역사적일 수 있으며, 인간의 실존에 대해서는 역사성 그 자체가 바로 구성적인(konstitutiv) 의미를 갖는다고 했다. 미국의 저명한 문필가 헨리 밀러(Henry Miller)도 이렇게 말한 적이 있다: "만일 내가 신일 수 있는 가능성을 갖는다 할지라도 나는 차라리 그것을 거절하겠다. 만일 내가 별이 될 수 있는 가능성을 갖는다고 해도 나는 이것도 거절하겠다. 나의 삶이 내게 주는 가장 놀라운 가능성은 바로 내가 인간일 수 있다는 점이다. 이 가능성은 온 우주를 포함한다. 그러면서 신은 한 번도 가져보지 못한 죽음에 대한 인식도 포함한다."[112]

인간이 신으로부터 부여받은, 달리 말하자면 천성적으로 타고난 인격의 이 열려 있는 가능성을 시시각각의 역사적 · 사회적 현실 속에서 자기인격의 표현으로 구현하자면 무엇보다도 필요한 것이 생명과 자유이다. 물론 인간은 각자 불완전하기 때문에 절대적인 자유를 요구할 수도 없고 또 누릴 수도 없다. 다만 의미와 가치실현에로 정향된 제한된

---

112   김일수, 「인간과 역사와 교회」, 시대와 지성(이문영 교수 화갑기념논문집), 1988, 190면.

자유의 시간 속에서 자신의 삶을 영위해 나가야 한다. 인간존재만이 시간성과 시간의식을 갖고 있기 때문이다. 그러므로 인간만이 기억하고 추억을 간직할 수 있으며, 실패하고 뉘우칠 수도 있으며, 또 새로운 일을 계획하고 실행에 옮길 수 있으며 더 나아가 미래를 내다보고 걱정하고 기대하며 소망할 수도 있다.

이처럼 인간은 자신을 둘러싸고 있는 시간과 공간을 의미 있는 삶의 지평으로 불러내어, 그것을 가치실현에 유용한 밑천으로 삼고 활용할 수 있다. 이것은 우연히 일어났다가 흘러가 버리는 사건들의 시간인 크로노스(kronos)의 시간과는 차원을 달리하며 또한 이 흘러가버린 시간 속에 있었던 일들의 연대기적인 기록(Historie)과도 다른 차원이다. 비록 시간은 현재에 그대로 머물지 않고 눈 깜짝할 사이에 과거로 흘러들어 가지만 그 속에 특별한 의미가 있을 때, 그 의미 있는 시간을 카이로스(kairos)의 시간이라 한다. 이 의미 있는 시간 속에서 특별한 뜻을 가지고 일어난 사건들은 역사적인 사건들이 된다. 이 의미 있는 시간 속에서 일어난 그 사건의 본질을 이해하고 그것이 인간의 삶과 상관된 깊은 뜻을 올바로 헤아려 그 뜻이 우리 삶에 이루어지도록 재현하는 것이 역사(Geschichte)의 기술(記述)인 것이다.[113]

우리의 삶에서 이러한 역사의 기술 내지 역사성의 의미실현은 고립된 개인의 시간과 공간 속에서 혼자 힘으로 이루어지는 것이 아니라 전통과 인습 그리고 평화롭게 공존하는 사회라는 지평 위에서 타인과 주고받는 소통과 교류를 통해 이루어진다는 점을 유념할 필요가 있다. 그 지평은 집단주의나 절대적인 개인주의를 의미하는 것이 아니라 인간존재를 본래적으로 자기존재(Selbstsein)이면서 동시에 타인과 함께 더불어 살아가는 존재(Mitsein/Sozialsein)로 파악하는 인격주의(Personalismus) 내지 연대주의(Solidarismus)를 지칭하는 것이다.[114]

---

113 Naver 지식in「카이로스」항목 참조: "카이로스는 어떤 일이 수행되기 위한 시간 또는 특정한 시간을 가리킨다. 계획이 세워지고 그 계획이 실행되는 시간을 가리킨다. 특히 하나님의 활동이 전개되고 그분의 계획이 실현되는 시간이다."

(3) 법과 시간

독일의 사회학자 나쎄이(Armin Nassehi)는 비교적 최근에 이르러 펴낸 '사회의 시간'에서 루만(N.Luhmann)의 체계이론을 원용하여 시간을 사회체계의 본질적인 구조요소라고 정의한 바 있다. 우리는 시간을 사회적인 조건들 안에서 표상할 수 있으므로, 우리들에게 모든 시간은 사회적 시간이라는 것이다. 그리고 사회의 시간이란 복합적인 사회적 관계들의 구성부분이자 요소라는 것이다.[115]

법적 시간의 차원도 사회적 시간의 차원과 연관성 내지 일부 유사성을 갖고 있으므로 그 한에서 법의 시간을 유추해 볼 수 있을 것이다. 그러나 법과 시간을 둘러싼 법철학적 관심사는 전통적으로 오히려 법의 존재론적 역사성의 규명에 집중되고 있음은 주지의 사실이다.[116]

법의 역사성은 바로 위에서 본 인간의 역사성으로부터 유추할 수 있다. 법은 불완전하고 유한한 인간의 세계를 전제한다. 그러므로 인간의 생활세계를 위해 존재하는 법도 시간과 뗄래야 뗄 수 없는 필연적인 관계를 갖는다. 법도 인간과 마찬가지로 의미 있는 시간 속으로 삼투하여 들어가 시간적인 존재자가 됨으로써 역사성의 의미를 갖게 된다. 법이 그의 역사성이라는 존재론적 구조 틀 속에서 정의의 이념을 구현하며, 그 과정을 통해 무질서상태를 어떤 질서상태로, 불안정상태를 어떤 안정상태로 이끌어 갈 수 있는 것이다.[117]

이렇듯 법의 역사성은 인간의 역사성과 마찬가지로 그 한에서 시간의 개념과 불가분리의 관계에 놓인다. 그러므로 법은 현존재의 시간적

114　Il-Su Kim. Die Bedeutung der Menschenwürde im Strafrecht, 1983, S.187f.

115　A.Nassehi, Die Zeit der Gesellschaft, 2.Aufl., 2008, S.36f.

116　Arth.Kaufmann, Das Schuldprinzip, 2.Aufl., 1976, S.99-114; H.Henkel, Einführung in die Rechtsphilosophie, 2.Aufl.,1977, S.203-215(Das Recht als geschichtliches Gebilde).

117　법의 존재론적 역사성에 관하여는, 김일수, 한국의 법치주의와 정의의 문제, 2019, 50-66면 참조.

인 경과에 순응해야 하는 것이기도 하다. 하지만 법은 인간의 생활세계 내에 존재하면서 또한 인간의 생활세계를 위해 존재한다는 의미에서 타당성을 갖는다. 인간세계의 현실 밖, 즉 시간의 흐름이 없는 곳에서라면 법은 모든 존재의미를 상실하게 될 것이다. 문제는 시간에로의 이러한 법의 순응이 어떻게 구체적으로 실현되는가 하는 점이다.

법의 현존재는 예외 없이 시간 안에 편입돼 있고, 시간과 밀접한 연관성을 지닌다. 그런 의미에서 법의 현존재는 시간성(Zeitlichkeit) 속에 있는 것이다. 반면 법의 존재와 가치타당성은 일시적인 시간성(Temporalität)의 한계를 뛰어넘어 그의 절대적인 타당성(Gültigkeit)이나 효력(Geltung)이 일관되게 계속되도록 지속성(Kontinuität)과 일관성(Kohärenz)을 끊임없이 요구한다.[118] 이 지속적인 시간성 속에서 발견되는 법의 영원성은 과거적인 법 및 미래적인 법과 떼놓을 수 없을 만큼 밀접하게 연관된 법의 현재성의 인식과 경험을 통해 드러난다. 그것은 법의 현존재가 법 존재 자체의 의미와 가치타당성에 이르도록 하려는 법 주체들의 몸부림이라고도 표현할 수 있다.

요컨대, 법의 영원성의 의미는 시간성 속에서 법의 역사성을 발견하고 해석하고 창조하는 치열한 정신적 노력 외에 다름 아니다. 달리 말하자면 시간의 차원 속에서 법이 각 사람으로 하여금 지속적인 자유를 향유하고 이를 더욱 신장시키며 구현하게 함으로써 인간의 현존재가 자유의 지속성을 통해 인간존재로 바로 설 수 있게 하는 것이다. 자유의 창조적이고 계속적인 생성 및 발전과정, 이것이 법과 시간이라는 주제가 안고 있는 '시간의 지속성'의 순수한 의미이다. 바로 이 점이 또한 법에 있어서 시간적 정의의 문제이기도 하다.

---

118 지속적인 시간 속에서 발견되는 법존재의 본질적인 내용의 지속성을 법의 영원성 (Das Ewige im Recht)이라고 지칭하기도 한다.(E.Opocher, a.a.O., S.322; Arth.Kaufmann, Das Schuldprinzip, a.a.O., S.108ff.). 물론 여기에서 영원성이란 보편성(Universalität)의 '시간적 차원'을 말한다.

(4) 시간적 정의의 문제

1) 때에 맞는 정의

시간적 정의의 중요한 일부분이 '때에 맞는 정의'다.[119] 이와 관련하여 먼저 때에 늦은 정의의 문제부터 살펴보자. 흔히들 지체된 정의는 정의가 아니라고 말한다. 진실과 정의를 추구하는 형사사법절차나 형평과 정의를 추구하는 민사사법절차에서 간혹 재판의 신속성을 강조할 때 쓰이는 말이다. 사법정의는 될 수 있는 대로 신속한 절차를 지향한다. 마치 꽃이 신선할수록 그 향기가 높듯이, 재판이 신속하게 진행되어 신선도를 유지할 때, 진실과 형평과 정의에 더 근접할 수 있다는 오랜 경험칙에서 나온 말이다. 재판기간이 길어져 지루하게 끌려다닐수록 증인들의 기억도 생생한 맛을 잃어버릴 수 있고, 사물의 본성상 사건에 내재해 있을 살아 있는 정의의 기준도 변색될 수 있다. 그 결과 오판의 위험성이나 공정과 정의에 대한 갈증을 외면한 엉뚱한 재판이라는 비난도 높아질 수 있다. 이러한 재판결과는 법 감정과 정의감을 훼손하고, 사건당사자는 물론 일반인에게도 만족과 승복효과를 감소시킨다.

다음으로 때에 늦은 정의와 반대방향에 서 있는, 이른바 시기적으로 너무 빠른 정의의 문제를 살펴보자. 때에 늦은 정의 못지않게 너무 섣부르거나 너무 서두른 입법조치나 그에 따른 사법작용도 실은 시간적 정의의 본지에 맞지 않기 십상이다. 자유민주주의에 역행하는 권위주의 내지 신권위주의가 횡행하는 시대일수록 정의를 실현하는 과정에서 속도를 내기 위해 절차를 생략하거나 개인의 인권적 기본권이나 작은 권리의 부르짖음을 무시하고 건너뛰는 경향이 비일비재하다. 한국에서 제6공화국의 문민화 이후 YS정부의 역사 바로 세우기나 아직도 진행 중인 문재인 정부의 적폐청산 광풍이 그 대표적인 예일 것이다. 여기에 권력의 간계가 개입하거나 편향된 언론과 광장에 운집한 군중들의 함성까지

---

119 이에 관하여는 김일수, 「정의와 시간의 문제」, 서울신문 2017.4.3. 27면 칼럼.

끼어들게 되면 인민재판이나 중세의 마녀재판 같은 편견과 폭력이 사법 살인까지 연출할 수 있다.

어느 의미에서 지체된 정의보다 섣부른 정의의 요구가 법을 통한 진정한 정의의 실현에 더 큰 위험이 될 수 있다. 추상적인 정의를 내세워 소급입법을 손쉽게 불러들이거나 소급적용을 널리 재판에 활용하게 되면, 선별되고 조준된 특정 소수자들이나 권력투쟁에서 밀려난 정치적 약자들은 법이 보장하고 있는 방어권장치를 두고도 속수무책 당할 수밖에 없는 것이다. 이러한 현실은 내용적으로 자유법치주의가 추구하는 정의가 아니다. 정치적인 입법과 사법절차가 개인의 자유와 인권적 기본권이 외치는 소리에 민감하게 반응하는 것이 아니라 도리어 귀를 막고, 마치 사람사냥꾼처럼 폭주하기 때문이다. 그것은 입술로 정의를 표방하지만, 실제 법 본래의 정의와는 무관한 정치적 현실에서 빚어진 통속적인 야만성의 표현에 지나지 않을 것이다.

2) 시간적 정의의 핵심

그렇다면 법과 시간에서 시간적 정의의 내용은 무엇인가. 이미 상식에 속한 말이지만 법은 단지 기술적인 수단이나 도구가 아니라 사회적 기본질서의 바탕을 이루는 윤리적인 기본가치의 결정체이다. 또한 법은 결코 시간과 절연된 것이 아니라 시간에 매여 있는 것이다.[120] 법을 시간 속에 자리매김하는 것은 바로 법을 그 역사성의 정원(庭園)에서 더 잘 보전하고 더욱 발전시키기 위함이다.[121] 다시 말해서 실정 법률이 함부로 처분할 수 없는 일종의 영속성을 법이 내포하고 있으며, 그때그때의 정치적·사회적 상황에 따라 생성되기도 하고 소멸되기도 하는 실정 법률에 대한 법의 존재론적인 우위성의 요구를 명확히 설정하기 위함이다.

---

120 E.Opocher, a.a.O., S.321.
121 이에 관한 상세는 김일수, 한국의 법치주의와 정의의 문제, 전게 연구보고서, 54-66 면 참조.

법은 근대 자연법론에서 주장했던 것처럼 결코 실정 법률과 별개로 분리되어 무궁세월이 흐르는 어느 별나라에 있는 절대적이고 불변적인 것이 아니다. 법은 현실적인 법률이 시간성 속에서 법다워지도록 역사성의 의미를 좇아 그 법률의 생성과 소멸 사이에서 해석되고 적용되도록 자신의 생명력을 행사하는 것이다. 현존재의 시간적 과정 속에서 법은 자유를 위한 질서로서 그리고 함부로 범접하지 못할 가치로서 자신의 존재이유를 드러내 보이고 있으며, 이로부터 실정 법률에 대한 우위성과 영속성의 요구를 근거 지은다.

이처럼 법에서 시간의 이익은 곧 각 사람에게 자유의 이익임을 확증한다.[122] 한 개인이나 단체에게서 법이 부여한 시간의 이익을 빼앗거나 불리하게 변경시키는 것은 바로 그들의 삶에서 자유를 빼앗거나 자유에 불리하도록 대우하는 것과 같다. 예컨대 법에서 시효나 기간의 이익도 그것이 형식적으로는 법적 안정성하고만 관련된 듯해 보이지만, 실질적인 관점에서 보면 자유의 실질적인 신장과 그에 대한 보장을 도모하는 데 있는 것이다. 이것이 다름 아닌 법에서 시간적 정의가 지니는 가장 핵심적인 의미이다. 법은 본질상 시간적이고 역사적인 것이지만, 법은 이렇듯 시간적(zeitlich)이 됨으로써, 법률에 대해 인간의 현존재가 누리고 있거나 또 누려야 할 자유의 영역을 실질적으로 법 속에 살아가는 각 사람마다 향유할 수 있도록 촉진하는 몫을 담당한다는 데서, 법 본래의 가치타당성을 입증한다.[123]

3) 시간의 방향성과 관련된 시간적 정의

마지막으로 살펴보아야 할 것은 법에서 시간은 어느 방향으로 향할 때 정의로운가 하는 점이다. 법질서에서 시간의 방향성이 또한 시간적

---

122 Il-Su Kim, FS-Roxin, S.132.
123 그것을 필자는 '생명사랑의 법'으로 지칭한 바 있다. 이에 관하여는 김일수, 「위험형법 · 적대형법과 사랑의 형법」, 형법질서에서 사랑의 의미, 2013, 173-206면; 김일수, 전게 연구보고서, 62-66면 참조.

정의의 핵심주제 중 하나임은 이미 널리 알려진 사실이다. 앞에서 시간의 가치는 자유의 가치에 상응하는 것이라는 점을 언급한 바 있다. 자유의 가치는 현존재(삶)의 시간의 연속성에 의해 결정된다. 법의 가치도 시간의 가치와의 관련하에서 얼마만큼 우리 삶이 필요로 하는 자유의 발전과정에 긍정적인 영향을 끼치는가에 달려있기 때문이다.

흔히 시간의 세 가지 양태로 과거, 현재, 미래를 꼽는다. 물리학자들 중에는 시간의 심리적 기원을 기억이라 하고, 기억된 사건들의 순서를 정하는 과정에서 시간이라는 주관적 개념이 생긴다고도 말한다. 그러나 앞서 언급한 과거, 현재, 미래라는 시간의 양태는 앞뒤 차례대로의 서열이 아니라 공간 속에 있는 사물처럼 좌우로 나란히 놓여 있는 것이다. 그것은 결코 시간적 차원의 어떤 순서적 성격을 표현하고 있는 게 아니기 때문이다. 그리고 이러한 세 가지 시간의 양태들(Zeitmodi)은 존재의 차원이 아니라 인간들의 경험적 차원에 속한다. 나의 주변에 있는 모든 사물 내지 사건들은 내가 경험한 세 가지 이 시간적 양태 중 어느 하나에 속한다. 주변의 사물·사건들이 내 의식의 인식대상이 되려면, 적어도 이들 세 가지 시간양태 중 어느 하나로 경험되어야만 하기 때문이다.

이 세 가지 시간적 양태 중에서 단연코 우위를 차지하는 것이 현재라는 차원이다. 현재는 창조적이든 파괴적이든 간에 인간이 아무튼 어떤 활동을 벌이는 시적 영역이다. 인간은 날마다 새로운 현재의 발판을 떠나 살 수 없다. 삶의 열정의 불꽃은 오늘이라는 시간 속에서만 타오르는 것이다. 더 나아가 과거라는 양태는 언제나 특정한 현재의 시점과 관련해서만 그의 시간적 의미를 얻을 수 있다. 마찬가지로 미래라는 양태도 현재의 시점에서 볼 때 다가올 가능성, 즉 희망이라는 시간적 차원의 의미를 얻기 때문이다.[124]

물론 이 세 가지 시간양태에 대해 각자 다른 의미와 중요성을 부여

---

124 G.Husserl, Recht und Zeit, 1955, S.43.

할 수도 있다. 어떤 사람은 어떤 사태와 관련하여 과거에 중점을 두기도 한다. 다른 사람은 현재에 중점을 둘 수도 있다. 또 다른 사람은 미래의 시점에 중점을 둘 수도 있기 때문이다. 이에 따라 후설(G.Husserl)은 현재의 사람, 과거에 사는 사람 또는 미래의 사람 등으로 구분하기도 한다.[125]

현재적 인간(Gegenwartsmensch)이란 행동하는 인간상을 대변한다. 그는 오늘이란 시간 속에 발을 딛고 서 있기 때문에 물론 앞과 뒤를 보긴 하지만 그의 시야는 근시적일 수밖에 없다. 그는 결코 장기적인 계획을 가지고 사는 사람이 아니기 때문에 철저히 현세적이다. 현재를 아침마다 새로운 날로 보지 않고, 대신 주어진 것으로 간주하고 행동의 동인으로 삼기 때문에, 현재인의 삶에 대한 태도에는 숙명론의 요소가 흔히 나타난다. 그는 정해진 규정과 절차에 따라 일을 집행하는 전형적인 행정인의 태도에서 관찰할 수 있는 것과 같은 일종의 실증주의자라고 해도 좋을 것이다.

미래적 인간(Zukunftsmensch)은 현재적 인간과 공통점이 있다. 둘 다 앞쪽을 향해, 앞을 바라본다는 점에서 관점방향이 같다. 두 유형의 인간상에서 본질적으로 다른 점은 시야의 넓고 좁음에 있다. 현재인은 오늘에 산다. 그것이 그의 세계이다. 그렇기 때문에 미래를 보기는 보아도 자신에게 생소한 다른 시적 차원으로 본다. 미래인은 현재인보다 더 넓게 볼 수 있을 뿐만 아니라 그의 시야는 미래라는 시적 차원을 포함하고 있기 때문에 사물을 현재인과는 달리 본다. 즉, 현재라는 시적 차원에 대한 미래인의 태도는 비판적이라는 점에 특징이 있다. 그는 현재를 있는 그대로 수용해야 할 그 무엇으로 보지 않고, 새롭게 만들어 가야 할 어떤 것으로 이해하기 때문이다. 그러므로 그는 계획의 사람이며, 그 계획을 개혁이라는 과정을 통해 실현하려는 기획의 사람이다. 그의 행동은 발전에 대한 강한 믿음에 의해 실행되며 주위에 퍼져 있는 일들을 개

---

125   Ebd., S.46ff.

선이 필요한 일들로 바라본다.[126] 현재인들이 보통의 행정인 유형이라면 미래인은 입법자들이 닮아야 할 이상적인 유형이라고 할 수 있다.

과거적 인간(Vergangenheitsmensch)은 과거에 매여 살면서 사물을 회고적으로 관찰한다. 물론 과거인도 현재에 발을 딛고 있지만 그 속에 살고 있다고 느끼지 못한다. 오늘이라는 시간대는 그의 세계가 아닌 것이다. 그도 미래인과 마찬가지로 현재에 대해 비판적인 태도를 지닌다. 그러나 그 출발점은 전혀 다르다. 과거인은 현재를 날마다 새로운 그 무엇으로 보지 않는다. 현재는 그에게 새로운 시작이 아니라 과거부터 흘러온 어떤 일의 끝이라고 보기 때문이다. 그가 본 세계상은 진정한 진보나 발전이 있을 수 없는 어떤 완결된 세계에 대한 관념뿐이다. 과거인도 현재와 그 문제들을 잘 알고 있지만, 과거의 빛에 비추어 알고 있을 뿐이다. 그는 오늘을 사는 사람들에게 제기된 문제를 판단하기 위한 잣대를 그가 이미 경험했고 그래서 그의 안에 기억과 함께 아직도 남아 있는 과거에서 찾아낸다. 그에게는 과거에서의 유추가 현재의 답이다. 과거적 사람이 종종 사법종사자들의 유형으로 거론되는 것도 이 때문이다.

이 세 가지 유형의 어느 시간대에 주로 속하여 사고하고 행동하는 전형적인 사람들이 빠지기 쉬운 위험이 있다.[127] 현재인은 그의 행위를 단지 현실의 합목적성만을 고려하여 수행하기 쉽다는 점이다. 그는 자신이 수행하는 일에 골몰한 나머지 그 일의 수행과 함께 자신에게 주어진 의무를 망각하기 쉽다. 어떤 의미 있는 생활영위의 틀 안에서 자신의 행위가 가져야 할 정당성에 대해 성찰을 소홀히 하기 쉽다는 점도 현재인의 유형이 빠질 수 있는 위험이다.

미래인은 두 가지 위험에 빠질 수 있다는 것이다. 하나는 마치 추상적 유토피아를 꿈꾸는 몽상가들처럼 너무 아득하고 비현실적인 미래기획에 골몰한 나머지 자신과 또 동시대인들이 서 있는 현실기반에서 벗

---

126 현실의 인식, 이해와 미래전망에 대한 신학적 관점도 이와 유사하다. 이에 관하여는 위르겐 몰트만, 희망의 신학(전경연/박봉랑 역), 제12판, 1989, 43면 참조.

127 G.Husserl, a.a.O., S.50f.

어나 엉뚱한 곳에서 엉뚱한 일에 온갖 자원과 힘을 소진할 위험이다. 다른 하나는 오늘이라는 시간대에 뿌리를 둔 업무수행의 의지를 마치 저인망처럼 너무 조밀하게 짜여진 실행계획에 의해 압살할 위험성이다.

과거인은 과거에 길들여진 사고방식에 집착함으로써 자신과 동시대인들을 소극적인 자세에 빠지게 할 위험이 있다고 한다. 이런 태도는 진보와 발전에 적대적일 수밖에 없고, 기득권을 건드리는 모든 발전계획에 대해 강한 반대로 맞설 것이다.

물론 위에서 세 가지 시간대의 인간유형을 살펴보았지만, 세계내존재로서 구체적인 인간은 어느 한 가지 유형에 고정되어 있는 것은 아니다. 실제적인 삶에서는 세 가지가 동시에 나란히 함께할 수도 있다. 그러나 이런 경우에도 현재 또는 미래와 같은 하나의 시선(視線)이 사람의 생각과 행동에서 지배적인 영향력을 행사할 수 있다. 특히 인간과 법의 세계에서 사회발전을 믿고 더 나은 삶의 발전을 위해 진력하는 시대, 즉 황금의 시대는 바로 미래이다. 그것은 입법자와 공적 삶에 깊이 관여하는 행정부 내의 공직자에게도 주어진 시각(視角)일 뿐만 아니라 사법업무에 종사하는 사람들에게서도 기대되는 시각이다. 이 길을 밟는다는 것은 사회현실을 한 걸음 앞서 나가 기획하는 일과 같다. 그것은 또한 합리적인 공동체생활의 요구에 부응하는 것이기도 하다. 이성이 다스리는 이 같은 미래의 지평은 바로 인간의 자유를 추구하는 정의의 이념과 일맥상통하는 지평이기도 하다.[128]

그러나 법의 현실은 때때로 온기를 잃어버린 살상무기의 그늘처럼 냉혹할 수 있음을 우리는 기억해야 한다. 위에서 누차 언급한 바와 같이 현존재의 시간적 연속성이 곧 자유라는 점을 상기한다면, 현실의 법률이 현재와 미래를 과거의 시간 아래 옭아맴으로써 시간을 구체적인 현실화라는 의미에서 객관화시키는 경향이 강하다는 점을 주의 깊게 성찰할 필요가 있다.[129] 만약 법이 현재와 미래를 외면하고 단지 과거의 시간

---

128 G.Husserl, a.a.O., S.63.
129 E.Opocher, a.a.O., S.326f.

VII. 형법에서 시간적 정의의 문제

에 매몰·집착하거나 과거의 시점으로 쉽게 이동하게 되면 법의 현재성이 지니는 자유의 가치와 그 안전성 및 법의 미래성이 소망하고 기대하는 지평에서의 자유의 발전적인 의미가 훼손되거나 박탈당할 위험이 커지기 때문이다. 그런 상황에서는 정의조차도 변질되거나 빛을 잃고 말 것이다.

이런 위험에 대처해 경계신호를 보내야 할 법의 경고음을 '자유를 위한 출발추정', 즉 '의심스러울 때는 시민의 자유에 유리하게'라는 처방을 제시한 학자도 있지만,[130] 법질서에서 무엇보다 중요한 것은 각 사람의 자유를 위한 시간의 이익을 어떤 정치적인 고려나 정책적인 필요성보다 중시하고 우선시해야 한다는 점이다. 여기에 시간의 방향성과 관련된 바, 법에 있어서 시간적 정의가 주는 엄중한 과제가 놓여 있다. 이 점은 '공소시효와 시간적 정의'의 주제를 다루면서 더 상세히 살펴볼 예정이다.

2. 형법상 시간의 적용에서 시간적 정의의 문제

(1) 형법에서 시간의 적용

1) 무엇이 문제인가

해 아래서 일어나는 모든 일에는 반드시 시작과 끝이 있게 마련이다. 법률도 그 예외가 아니다. 모든 법률은 제정된 후 폐지될 때까지의 기간 동안만 존속하고 효력을 지닌다. 형법상의 죄형법규도 공포·시행된 때부터 폐지될 때까지 존속하며 그 기간 동안 유효하게 적용된다. 그런데 만일 행위시와 재판시 사이에 죄형법규의 변경이 있으면 어느 시점의 법규를 기준으로 형법을 적용할 것인가? 즉, 변경전의 행위시법(구

---

130 P.Schneider, In dubio pro libertate, in: Hundertjahre deutsches Rechtsleben, Bd. II, 1960, S.290; W.Maihofer, Rechtsstaat und menschliche Würde, 1968, S.126f.; 김일수, 전게 보고서, 58-60면

법)을 적용할 것인가 아니면 변경된 재판시법(신법)을 적용할 것인가. 어떤 선택이 형법의 시간적 정의이념에 맞겠는가?

특히 다음과 같은 경우에 형법의 시적 적용이 민감한 문제로 떠오른다: ① 행위 시에 불가벌이었던 어떤 행위가 후에 범죄로 규정된 경우, ② 행위 시에 유효하게 적용됐던 죄형법규가 폐지된 경우, ③ 행위 시보다 재판 시의 형벌이 더 가볍게 개정된 경우이다.

이때 문제되는 것은 변경전의 행위시법(구법)을 적용할 것인가, 아니면 변경된 재판시법(신법)을 적용할 것인가 하는 점이다. 따라서 형법의 시적 적용의 문제는 바로 발생한 범죄사실에 대하여 어느 시기의 형법을 적용할 것인가의 문제이다. 이 경우 만일 재판 시의 신법을 적용하면 신법의 소급효문제가 되고, 행위 시의 구법을 적용하면 결과적으로 구법의 추급효가[131] 생기는 셈이다.

물론 우리형법은 시적 적용에 대한 원칙규정과 예외규정을 제1조에 명시하고 있다. 1953년 형법제정에 참여했던 입법자들의 이런 입법형성은 아무 뜻 없이 한 것이 아니다. 입법자들이 이렇게 법문을 구성한 데는 형법질서에서 시간적 정의가 어느 방향으로 흘러가야 하는지에 대한 선도적인 지시를 해석적용자들에게 제시하는 의도가 깔려 있다.

먼저 행위시법의 적용을 원칙으로 삼는 시적 적용의 원칙은 그것이 책임형법의 이념에 합치하는 소급효금지의 대원칙에 충실하려는 태도이다. 행위시법원칙이 책임원칙의 충실한 구현이라면, 소급효금지원칙은 죄형법정원칙의 충실한 구현 외에 다름 아니다. 그 본래의 엄중한 취지는 어떤 정치적·사회적 필요 때문에 입법자나 해석적용자가 범행자의 자유에 불리한 방향으로 형법의 시간을 가지고 만지작거리며 장난치지 말라는 것이다. 또한 형법 제1조에 함께 규정된 행위시법원칙에 대한 예외규정도 행위자의 자유에 유리할 경우에 한해, 행위 시에는 미처 존

---

131 구법의 추급효(Nachwirkung)를 일본 형법학계에서는 구법의 사후효(事後效)라고 한다. 이에 관하여는 金日秀/徐輔鶴, 韓國刑法總論(日語版), 齊藤豊治/松宮孝明 監譯, 成文堂, 2019, 25면 참조.

재하지도 않았으나 그 후 만들어진 신법을 적용하도록 지시하고 있다.

이렇게 볼 때 형법전은 구체적인 범죄자와 잠재적인 범죄자를 두루 포함한 '시민의 자유의 대헌장'임을 그 첫머리에서부터 선언하고 있는 셈이다. 마치 세계 제2차 대전 종료 후 서독 본(Bonn) 기본법(Grundgesetz)의 제정자들이 그 제1조에 "인간의 존엄은 불가침이다. 이를 존중하고 보호하는 것은 모든 국가권력의 의무이다"라고 선언함으로써, 헌법의 모든 초점이 바로 이 점에 수렴되어 있다는 점을 명확히 한 점과 정신적 궤도를 같이하고 있다고 하겠다. 시간은 구체적 · 현실적인 인간의 현존재(삶)의 자유이며, 상황에 따라서는 생명가치와도 직결된 것이다. 그러므로 형법에서 시간적 정의는 각 사람의 자유를 안전히 확보해주고, 그 자유가 더 신장할 수 있도록 북돋우는 방향으로 나가야 한다는 메시지를 핵심으로 삼고 있다 하겠다.

2) 형법상의 원칙적 규율

우리 형법전은 제1조에서 시적 적용의 원칙으로 행위시법원칙을 천명한다. 즉, 제1항에서 "범죄의 성립과 처벌은 행위시의 법률에 의한다"라고 규정한다. 외국의 입법례처럼 죄형법정원칙을 형법전 첫머리에 선언하고 있지 않은 우리 형법에서 이 조항이 단순히 행위시법원칙만 선언한 것인지 아니면 죄형법정원칙의 하나인 소급효금지의 원칙까지 규정한 것인지는 분명하지 않은 게 사실이다. 입법론으로는 죄형법정원칙과 행위시법원칙을 각각 나누어 규정하는 것이 옳다고 생각한다.

그러나 행위시법원칙이 적용되는 한도 안에서 신법의 소급효금지 효과도 작용한다고 볼 수 있으므로 이 규정은 복합적인 의미를 갖는다고 해석하는 것이 죄형법정원칙을 천명한 헌법(제13조 제1항)의 구체화규범인 형법을 헌법에 합치하도록 해석하는 결과가 될 것이다. 왜냐하면 행위시법원칙은 헌법적 규범의 반열에 오른 죄형법정원칙뿐만 아니라 그와 동급인 책임형법 · 책임원칙의 본지에도 합치하는 자유보장의 내용을 담고 있기 때문이다.

3) 행위시법원칙에 대한 예외

행위시법원칙에 대해 형법 제1조 제2항·제3항은 다시 행위자의 자유에 유리한 법을 우선 적용한다는 취지에서 행위시법원칙에 대한 예외를 허용한다. 즉, "범죄 후 법률의 변경에 의하여 그 행위가 범죄를 구성하지 않을 때"(제1조 제2항 전단) 신법에 따라 면소판결(형소법 제326조 제4호)을 내리고, "형이 구법보다 경한 때에는"(제1조 제2항 후단) 신법에 의해 재판해야 한다. 더 나아가 "재판확정 후 법률의 변경에 의하여 그 행위가 범죄를 구성하지 아니하는 때에는 형의 집행을 면제"(제1조 제3항)한다는 것이다.

형법 제1조 제2항 전단의 요건 중 "범죄 후"는 범행종료 후란 뜻으로서 범행의 결과발생은 포함하지 않는다. 범죄의 실행행위 도중에 법률변경이 생겨 실행행위가 신·구법에 걸쳐 행하여진 경우, 예컨대 장기간 계속된 체포·감금행위처럼 계속범의 실행행위 도중 법률변경이 있는 경우에는 실행행위가 신법시행 시에 행하여진 것이므로 행위시법원칙에 따라 신법이 적용된다.[132]

또한 위 같은 조항 전단에서 "법률의 변경"이란 가벌성의 존부와 정도를 규율하는 모든 법 상태, 즉 전체법령은 물론 백지형법에서 보충규범에 해당하는 행정처분이나 조례, 고시까지를 포함하여 죄형법규의 개폐가 있는 경우를 말한다. 한시법(限時法)의 유효기간경과로 이 법이 실효된 경우도 법률의 '변경'에 해당한다.

더 나아가 "범죄를 구성하지 아니하는" 경우란 형법각칙의 특정범죄구성요건의 폐지뿐만 아니라 정당화사유, 면책사유, 형사책임연령, 미수의 가벌성 등 형법총칙상의 규정변경에 의해 가벌성이 없어지는 경우도 포함한다. 가벌성이 폐지되어 범죄를 구성하지 않는 경우 외에도

---

132 1995.12.29.자 개정형법은 부칙 제3조에서 "1개의 행위가 이 법 시행 전후에 걸쳐 이루어진 경우에는 이 법 시행 이후에 행한 것으로 본다"고 규정하여 이를 명시했다. 독일형법 제2조 제2항도 "범죄행위의 종료 시에 효력이 있는 법률을 적용한다"고 하여 이를 명시해 놓았다.

단지 가벌성의 전제조건들이 행위자에게 유리하게 변경되었을 뿐인 경우에도 형법 제1조 제2항의 해석상 행위자의 자유에 유리하도록 앞의 예와 같이 신법이 적용되어야 한다.

이런 해석과 달리 우리 대법원은 형법 제1조 제2항의 규정은 죄형법규제정사유가 된 법률이념의 변천에 따라 과거에 범죄로 보던 행위에 대하여 그 평가가 달라져 이를 범죄로 인정하고 처벌하는 자체가 부당하였거나 과형이 과중했다는 반성적 고려에서 법령을 개폐한 경우에 한해 적용할 것이라고 판시했다(대판 1997.12.9. 97도2682). 이 대법원판결의 입장은 형법 제1조 제2항의 적용범위를 현저히 제한한 것으로서 자유법치국가 형법, 특히 죄형법정원칙의 자유보장이념에 비추어 볼 때 합헌적 해석이라고 말하기 어렵다.

형법 제1조 제2항 후단에 정한 신법적용의 요건인 "형이 구법보다 경한 때"는 법정형이 종전보다 가볍게 변경된 경우를 말한다. 법정형에는 주형뿐만 아니라 형법 제49조의 몰수형과 같은 부가형도 포함된다. 법정형 중 병과형 또는 선택형이 있을 때에는 이 중 가장 중한 형을 기준으로 삼아 신ㆍ구법 사이에 형의 경중을 정한다(대판1992.11.13., 92도2194). 형의 종류와 기간이 같더라도 신법에 선택형의 길이 열려 있거나 또는 임의적 감경이 임의적 감면으로, 임의적 감경이 필요적 감경으로, 필요적 감경이 임의적 감면이나 필요적 감면으로 변경된 때에는 신법이 경하다고 보아야 할 것이다. 상고심 계속 중 법률의 개정으로 형이 경하게 변경된 경우에 상고심은 직권으로 원심판결을 파기해야 한다는 판례도 있다(대판 1981.4.14. 80도3089). 범죄 후 여러 차례 법률이 변경되어 행위시법과 재판시법 사이에 중간시법이 있는 경우에는 그중에서 가장 형이 가벼운 법률을 적용해야 한다(대판 2012.9.13. 2012도7760).

(2) 한시법의 문제

1) 한시법이란 무엇인가

한시법(Zeitgesetz, loi temporaire)을 광의 · 협의 두 가지 종류로 나누기도 하지만, 우리 형법상으로는 한시법이 명문으로 규정되어 있지 않아, 주로 한시법이란 협의의 한시법을 지칭한다.

협의의 한시법은 일정한 유효기간을 미리 정해 놓은 법률을 말한다. 전형적인 예로는 언제부터 언제까지 효력을 갖는다고 하는 식으로, 달력에 의한 일시의 한정방식이다. 약간의 변형을 생각할 수 있다. 즉, 시행일 이후 서울올림픽 폐막일까지라고 하는 식으로, 장래의 일정 사건발생시기까지 유효기간을 한정하는 방식도 있다. 심지어 유효기간을 법률제정 시에 특정하지 않더라도 그 법률의 폐기 전에 특정하도록 돼 있거나 특정하기만 하면 한시법의 요건으로 충분하다.

광의의 한시법은 위에서 본 협의의 한시법 외에 법률의 제정목적과 내용이 일시적 관계나 사정에 대응하기 위한 것으로서 사정이 변경되거나 없어지면 그 법률의 효력도 소멸되어야 할 법률을 말한다.

우리나라 형법학계에서는 협의의 한시법만 인정하는 견해가 다수를 점하지만, 독일형법의 예처럼 광의의 한시법을 인정하는 소수의 견해도 있다.[133] 여기에도 판단의 기준이 문제이다. 독일형법처럼 한시법의 규율을 명문화한 경우에는 광의의 한시법을 인정해도 불확실성을 제거할 수 있는 준거점이 마련돼 있으므로 별문제가 되지 않을 수 있다. 하지만, 우리형법처럼 이에 관한 명문규정이 없어 법률의 효력 자체가 문제될 수 있는 곳에서는, 법적 안정성 확보 차원에서, 협의의 한시법만을 인정하는 것이 안전해 보인다.

133 김일수/서보학, 새로쓴 형법총론, 제13판, 2019, 27면 특히 주) 4, 5 참조.

2) 무엇이 문제인가

한시법의 유효기간 중 행해진 범행에 대하여 그 유효기간의 경과로 한시법 자체가 폐지·실효된 경우, 한시법의 폐지 후라도 그 효력을 인정하여 유효기간 중의 범행을 처벌할 수 있을 것인가? 종래부터 이 문제를 행위자의 자유에 불리한 '한시법의 추급효'라 부르기도 하지만, 그것이 한시법 폐지 후의 효력인정 여부에 관한 문제인 것만은 분명하다. 그런데 만일 행위자에게 불리한 한시법의 추급효를 일반적으로 인정한다면, 행위자의 자유에 유리하도록 예외적으로 소급효까지 인정한 형법 제1조 제2항의 지시와 정반대 입장이 되는 셈이다.

형법의 시적 적용에 관한 형법 제1조 제1항, 제2항, 제3항의 문언에서 도출할 수 있는 시적 정의의 방향은 분명하다. 특히 행위시법원칙(제1조 제1항 구법적용 원칙)과 그에 대한 예외로서 재판시법(제1조 제2항 신법적용)은 형식상으로 원칙과 예외 관계에 놓여 있지만, 제1항의 원칙과 제2항의 예외 모두 행위자의 자유에 유리한 방향으로만 지향하고 있다는 점이다. 다시 말해서 행위자의 자유에 유리한 방향으로 원칙규범을 정해놓고, 법률의 변경과 같은 사정변경이 있었을 때에는 행위자의 자유에 유리하도록 예외적인 조치에 따르도록 한 것이다. 그렇다면 형법의 시적 적용에서 원칙규정이든 예외규정이든 일관된 실질적 기준은 '행위자의 자유에 유리한 방향으로'인 것이다.

물론 한시법은 본래 위기의 발발과 같은 비상상황에서 위기통제를 위한 법률로 등장하는 경우가 상례이다. 따라서 한시법의 유효기간이 도과했다고 유효기간 중의 법률위반을 처벌하지 않으면 한시법의 종료기간이 가까워질수록 법률위반사태가 속출할 위험이 없지 않을 것으로 예상된다. 이 같은 사태는 법률의 실효성(實效性) 측면에서 적지 않은 혼란을 야기할 수도 있을 것이다.

한시법의 효력에서도 시간의 이익 문제와 함께 행위자의 자유와 법률의 실효성 사이에 어느 쪽을 우선할 것인가가 법철학적 난제로 남아있다. 어느 쪽이 시간적 정의의 이념에 합당할 것인지는 법률의 해석·

적용 및 한시법의 입법정책 문제 등과 함께 검토되어야 할 과제이다.

3) 한시법의 효력문제

한시법의 효력과 관련하여 당해 한시법 규정 안에 실효(失效) 후에도 유효기간 중의 위반행위를 처벌할 수 있다는 특별규정이 있는 한 별 문제가 없다(제8조 단서). 독일형법의 예에서처럼 "일정한 기간 동안 효력이 있는 법률은 그 법률이 폐지된 경우에도 유효기간 중에 행하여진 행위에 대하여 이를 적용한다. 단 법률이 달리 규정하고 있는 때에는 그러하지 아니하다"라고 형법총칙에 한시법의 효력에 관한 일반규정을 둔 경우(독일형법 제2조 제4항)에도 별문제가 없다.

그러한 명문규정이 없을 경우, 이 문제를 어떻게 풀어야할 것인가? 이 문제를 둘러싸고 다음과 같은 여러 가지 견해가 대립하는 실정이다.

(a) 행위자에게 불리한 추급효를 인정하는 견해

행위시법원칙(제1조 제1항)을 적용하여 한시법은 그 법의 폐지 후에도 존속기간 중의 행위에 대해 계속 효력을 갖는다는 견해이다.[134]두 가지 논거가 제시된다.

첫째, 한시법의 실효기일이 임박할수록 위반행위가 속출하는데도 이를 처벌하지 않게 되면 이 한시법을 둔 형사정책적인 목적을 달성하기 어렵다.

둘째, 한시법은 일정기간을 정하여 그 기간 동안 국민에게 준수하도록 요구하는 법이므로 그 기간을 경과하여도 경과 전에 범한 행위는 비난할 가치가 있다는 것이다. 위 두 번째 논거는 라드브루흐(G.Radbruch) 공식으로 널리 알려진 그의 소논문 "법률적 불법과 초법률적 법"에서 다룬 사유논리, 즉 법률적 불법을 척결하기 위한 비상한 법적 조치들을 정의의 다른 이름인 초법률적 법으로부터 정당화하는 논리와 일맥상통하는

---

134   유기천, 형법학(총론강의), 개정24판, 1983, 37면; 정영석, 형법총론, 제5전정판, 1983, 65면.

점이 없지 않아 보인다.[135] 물론 전후 독일에서 전범과 나치부역자들의 천인공노할 만행척결과 체제불법청산을 위한 소급형법과 한시법실효후의 처벌필요성론은 성격을 달리한다. 전자는 '정의에 대한 참을 수 없는 위반'에 대해 그것을 명한 실정법규정과는 관계없이 처벌을 가능하게 해야 한다는 논리이고,[136] 후자는 법률이 실효되어 존재하지 않는 경우라도 그 이전에 범한 위법행위의 가벌성은 여전히 유효하다는 논리이기 때문이다. 하지만 양자가 공통적으로 처벌욕구의 충족을 통해서 과거의 불법을 척결해야 한다는 점에서 유사점이 있는 듯해 보이기 때문이다.

　(b) 행위자에게 불리한 추급적용을 인정할 수 없다는 견해
　한시법에 대해서도 형법 제1조 제2항에 명시된 행위자에게 유리한 신법 소급적용원칙의 정신을 살려 재판시법을 적용할 것이며, 그에게 불리한 추급적용은 안 된다는 것이다. 이것이 우리나라 현재의 다수설이다. 형법 제1조 제2항을 배제하는 별도의 특별규정이 없는 한 이 원칙의 정신을 살려야 하고, 동 조항에 명시된 '법률의 변경' 속에는 효력기간이 미리 정하여졌다가 실효된 경우도 포함된다고 해석할 것이라는 점을 이유로 든다.
　개개의 법규범은 발효시점에서부터 법의 세계에서 그의 삶을 시작하지만, 그 법률에 예고된 종료시점이 도래하거나 사후의 별도 입법행위에 의해 그 규범이 폐지되어 종료에 이르게 되면 목숨을 거두게 마련이다. 한시법도 그 예외가 아니다.[137] 그러므로 만일 한시법의 유효기간이 경과됐으면 "범죄 후 법률의 변경으로 그 행위가 범죄를 구성하지 아니하는 경우"에 해당하는 것으로 보아, 형소법 제326조 제4호에 의한 면소판결을 선고하여야 한다는 것이다.

135　프랑크 잘리거, 라드브루흐공식과 법치국가, 윤재왕 역, 제2판, 2011, 138면(부록1)
　　 이하.
136　앞의 책, 77면.
137　G.Husserl, a.a.O., S.27.

(c) 동기설

한시법의 실효(失效)에 관한 입법자의 동기를 분석하여 행위자에게 불리한 추급효를 인정해야 할 것인가를 결정한다는 견해이다. 독일의 통설이며 우리나라 대법원의 입장이고, 학계에 이를 지지하는 소수견해도 있다. 이에 따르면 한시법의 폐지 및 실효에 관한 입법자의 동기가 법적 견해의 변경에 기인한 경우인가 아니면 단순한 시적 기간의 도과 내지 사실관계의 변화에 기인한 경우인가를 구별하여, 전자에 해당한다면 행위의 가벌성이 소멸되어 불가벌이지만, 후자에 해당한다면 가벌성이 남아 있으므로 행위자에게 불리한 추급효를 인정해야 한다는 것이다.[138]

동기설을 지지하는 입장에서는 한시법의 추급효를 인정해도, 그 법률위반 행위 시에 이미 처벌규정이 있었던 것이므로 추급효를 인정해도 사후입법에 의한 처벌을 방지하려는 죄형법정원칙에 어긋나지 않는다는 것이다.[139]

(d) 소 결

오늘날의 인권의식신장과 그 감수성의 확산추세 및 형법의 시적 적용에서 시간적 정의의 흐름에 비추어 보면 추급적용부정설이 타당해 보인다. 형사정책적인 처벌필요성보다 범죄행위자와 잠재적 범죄자를 포함한 각 사람의 현실적인 자유에 유리하도록 형법의 시적 적용문제를 다루어야 한다는 것은 근세 계몽주의 이래 시민의 자유의 대헌장으로서 형법이 걸어온 역사적 발전방향과 일치하는 것이다.

법치국가형법의 확립된 원칙들로부터 우리가 경청해야 할 대목은 원칙에 대한 예외는 허용될 수 있지만, 원칙 그 자체에 대한 부정이나 원칙의 정신에 충실한 예외조치에 대한 부정은 허용될 수 없다는 점이다. 원칙의 부정이든 예외의 부정이든 간에 부정(否定)은 각 사람에게서 시

---

138   대판 1994.12.9. 94도221; 대판 1988.3.22. 87도2678; 대판 1985.5.28. 81도1045.
139   이재상, 형법총론, 제7판, 2011, 39면 이하.

간의 이익, 즉 자유의 가치를 박탈하는 결과를 가져온다. 그럼에도 불구하고 일시적인 정치적인 계산 때문에 법질서의 세계로 쳐들어온 부정적인 법률, 특히 소급효금지의 원칙에 반하는 법률의 제정이나, 기계적으로 그에 맹종하는 법률해석·적용은 시간적 정의에 반하는 긴장상태를 법의 세계에 조성한다. 이러한 부정은 다시 이를 부정하는 변증론적인 새로운 조치를 통해서만 각 사람의 자유에 유리한 원칙 내지 그 원칙에 준하는 예외가 통하는 정상상태로 돌아갈 수 있다.[140]

법치국가형법상 확립된 원칙들과 그에 대한 예외조치들은 다 국가의 과도한 형벌권행사의 위험으로부터 범인들의 자유를 보호하고, 의심스러울 때에는 범인의 자유에 유리하게 작동하도록 입법된 입법자들의 의지의 산물이다. 그러한 입법자들의 객관화된 의지를 꺾는 다른 입법작용, 사법작용 및 행정작용은 대부분 정치적 산물 아니면 자유주의적 법치주의에 반하는 통속적인 권력작용에 불과하다. 정상적인 법치국가에서라면 이러한 권력작용은 법원과 헌법재판소에 의해 통제되어야 마땅하다.

다만 합리성에 입각한 특별한 형사정책적인 필요성이 인정될 때에 한하여, 개개의 한시법에 그 법률의 폐지 후에도 그의 존속기간 중 저질러진 해당 범죄행위에 대해 계속 효력을 미친다는 특별규정을 둔다면, 형법 제8조 단서에 의해 행위자에게 불리한 추급효가 법 논리적으로 성립할 수 있다.

---

140 공익 등을 들어 이 자유의 원칙에 역행해 전개하는 해석론(법원·헌재의 입장 포함)을 '원칙에 대한 예외'로 취급하는 학계의 관행은 사려 깊지 않다. 예외가 아니라 단순 부정(否定)에 속하기 때문이다.

(3) 백지형법의 문제

백지형법이란 일정한 형벌만을 규정해 놓고 법률요건인 금지내용에 관해서는 다른 법령이나 행정처분 또는 고시 등에 일임하여 후일 별도의 보충을 필요로 하는 형벌법규를 말한다. 오늘날 고시를 보충규범으로 요하는 각종 경제통제법령이나 환경보호법령 등에 백지형법의 형식이 자주 등장한다.

여기서도 형법의 시적 적용의 문제가 발생한다. 백지형법에 유효기간이 정해져 있는 한 그것도 한시법의 일종임에 틀림없다. 백지형법에 유효기간이 특정되어 있지 않으나 한시법을 광의로 파악하는 입장은 그것이 일시적인 사정에 대처하기 위한 법률의 성질을 가진 한 한시법으로 본다. 하지만 우리형법의 기본적인 입장에 비추어 볼 때 한시법을 협의로 해석하는 것이 합리적임은 위에서 언급한 바와 같다. 특히 최근에는 특별법령제정 입법기술도 발달하여 한시법의 필요가 있을 때에는 그 유효기간을 특정 하는 것이 일반적인 관행으로 되어 있음도 주목할 대목이다.

특히 백지형법에서 보충규범의 개폐도 형법 제1조 제2항 전단의 '법률의 변경'에 해당하는가가 문제된다. 이를 긍정하는 견해가 다수설의 입장이다. 즉, 보충규범의 변경 내지 폐지가 있으면 백지형법의 구성요건도 개폐되어 그 실효 이후에는 재판시법이 적용되어 처벌할 수 없다는 견해이다. 그 결과는 면소판결로 가는 것이다.

이와는 달리 이를 부정하는 견해도 있다. 보충규범의 개폐는 형법 제1조 제2항에서 말하는 '법률의 변경'에 의해 범죄를 구성하지 아니하는 경우가 아니라 그 전제인 구성요건의 내용, 즉 행정처분의 변경에 불과하므로 이 때에는 형법 제1조 제1항에 의해 행위시법의 적용을 받아야 한다는 견해이다.[141] 결국 추급효를 인정하게 된다.

---

141 염정철, 형법총론, 169면; 진계호, 형법총론, 제6판, 102면; 황산덕, 형법총론, 제7정판, 1982, 34면.

절충적인 입장에서 보충규범의 개폐가 가벌성에 관한 구성요건의 규범성 자체를 정하는 법규의 개폐에 해당하는 때에는 법률의 변경이 되지만, 단순히 구성요건에 해당하는 일부사실 내지 기술면에 관한 법규의 변경에 불과한 때에는 법률의 변경이 아니라는 입장이다.[142] 우리 대법원판례도 절충설의 입장에 서 있다(대판 1979.2.27. 78도1690). 다만 여기에서 문제점은 법규 자체의 변경인가 사실의 변경인가를 구별하는 기준이 불명확하다는 약점이다.

결론적으로 긍정설의 입장이 시간적 정의의 이념에 비추어 타당해 보인다. 행위자의 자유의 이익에 더 유리한 해석이라 판단되기 때문이다. 앞서 언급한 바와 같이 형법 제1조 제2항의 법률변경은 총체적 법상태의 변경을 의미하므로 가벌성의 존부와 정도에 관계된 보충규범의 개폐로 행위가 더 이상 범죄를 구성하지 않게 되면 재판시법에 따라 면소판결을 하여야 한다. 다만 가벌성의 존부와 정도에 직접 관련되지 않은 비형법적 사실에 관한 규율의 변경, 또는 당해 구성요건의 보호목적에 직접 관련되지 않고 당해 구성요건에 단지 간접적으로만 영향을 미칠 뿐인 연관규범의 변경 따위는 여기에서 말하는 법률의 변경으로 볼 수 없다.

3. 소급효금지원칙과 시간적 정의

(1) 위기에 처한 소급효금지의 원칙

오늘날 안전에 대한 위험성이 극도로 높아진 전 세계적인 위험사회에서 시민의 자유 보장책의 근간인 죄형법정원칙의 구체적인 적용범위는 정치적·사회적 필요에 따른 비상조치성격의 입법·사법·행정작용

---

142 강구진, 「형법의 시간적 적용범위에 관한 고찰」, 형사법학의 제문제, 1983, 16면; 권
오걸, 형법총론, 제3판, 2009, 54면; 남흥우, 형법총론, 개정판, 1983, 59면; 손동권/
김재윤, 새로쓴 형법총론, 2011, 54면

때문에 매우 불안정한 상태에 처한 것이 사실이다. 이러한 현상은 비단 나치나 동독정권 같은 불법국가의 법률적인 불법 내지 체제불법을 청산함에 있어서는 말할 것도 없고, 이른바 '새로운 위험'에 대처해야 할 필요성 때문에 등장한 일련의 위험형법 내지 적대형법적인 조치들 가운데서도 현실로 나타나고 있다.[143]

죄형법정원칙의 다른 부분원칙들, 즉 성문형법원칙(lex scripta), 법률 명확성원칙(lex certa), 유추적용금지원칙(lex stricta)보다, 특히 소급효금지원칙(lex praevia)이 실제적으로 가장 큰 마모와 손상을 입어, 엄격성의 상대화가 심한 대표적인 원칙이 아닐까 사료된다. 두말할 것도 없이 소급효금지원칙은 가장 강한 효력을 지닌 법적 안정성의 보루이다. 여기에서 법적 안정성은 잠재적·현재적 범인들에게 시간의 이익을 보장해 주는 것이다. 그리고 그 시간의 이익은 혹자에게는 바로 생명과도 같은 무게와 가치를 지닌 자유(P.Henry)라는 점을 여기에서 재삼 강조할 필요가 없어 보인다.

그러나 이 원칙이 혁명적인 정치적 격변기에는 권력의 의지에 심리적으로 거추장스러운 걸림돌이 되며, 그렇기 때문에 엄중한 상황에 대처하기 위한 예외적 조치라는 핑계로써 이 원칙이 얼마나 쉽게 상대화되는지 다시 한 번 살펴볼 필요를 느낀다.

(2) 고전적인 대표사례 — 독일의 경우

독일과 같이 질곡과 고통이 심했던 현대사를 겪은 국가는 법을 통한 과거사 정리나 법을 통한 체제불법 청산작업이 철저한 편이었다. 세계 제2차 대전 패망 직후 독일은 국토가 4분된 채 연합국통제위원회의 지배하에 들어갔고, 이 통제위원회가 독일 땅에서 입법, 사법, 행정의 모

---

143 이에 관하여는 김일수, 「사회안전과 형사법」, 형법질서에서 사랑의 의미, 2013, 12면 이하; 울리히 지버, 「위험사회의 새로운 도전」, 전세계적 위험사회에서 복합적 범죄성과 형법, 한국형사정책연구원 역간, 2011, 153면 이하 참조.

든 권력 작용을 장악했다. 연합국통제위원회는 뉘른베르크에 설치된 국제전범재판소의 업무·역할과 달리 독일 국내의 형사사법업무를 통할해야 했다. 이때 국내적으로도 뜨거운 현안은 나치의 지배를 청산하고, 새로운 질서를 창설하는 일이었다. 그 과정에서 독일 법률가들이 첫 번째로 직면하게 된 난제가 연합국통제위원회법률(KRG) 제10조에 정한 이른바 인간성에 반한 죄(crime against humanity)였다. 물론 이 범주에 속한 반인륜범죄는 기존 독일 형법전(刑法典)에 있는 살상범죄와 폭력범죄 규정을 가지고서도 충분히 처벌할 수 있었던 범죄행위들이었고, 살상범죄의 공소시효의 만료기간도 아직 목전에 다다른 것은 아닌 형편이었다.

그러므로 이런 형편에서 굳이 이 같은 반인륜범죄를 새로 제정하여 나치지배시기(1933~1945)까지 소급시킬 필요가 있는가 하는 점과 그것이 죄형법정원칙 내지 소급효금지의 원칙에 반하는 것인데 굳이 자유법치국가의 보편적인 형법원리를 해치면서까지 관철할 이유가 있는가 하는 점이었다. 물론 이런 논쟁에 종지부를 찍는 데는 이른바 라드브루흐공식이 유용하게 작용했고, 당시 독일 법조계가 자유서방세계 시민들과 어깨를 함께하고 걸어가려면 나치와의 결별과 차별화를 분명히 각인시켜 줄 만한 상징이 필요하다는 점도 은연중 작용했다고 본다.[144] 따라서 반인륜범죄의 재발을 막아야 한다는 상징도구의 하나로 '인간성에 반하는 범죄'의 처벌을 위한 소급입법이 통용되었고, 그것은 독일 현대사에 나오는 상징형법의 고전적인 예시가 되기에 충분하다.[145]

독일 형법역사에서 나치 청산과 같은 정치적인 상징을 조성하기 위해, 개인의 자유·안전을 보장하기 위해 양보할 수 없는, 인류 보편적인 법문화 유산이 된 죄형법정원칙까지도 그 자리에서 물러서게 하는 것이 한번 가능하게 되자, 원칙에 대한 부정의 허용범위는 넓어졌고 또한 되

---

144 당시 이에 동조한 형법학자로는 나치박해를 피해 망명생활을 하다 돌아온 Radbruch 외에 쌍생아연구로 나치의 우생학적 범죄이론에 기여한 Range도 있었다. 그 밖에도 Graveson, Kiessel, Wimmer 등도 이 소급입법에 동조했다. 이에 관한 상세는 Il-Su Kim, FS-Roxin, S.133f. 참조.

145 U.Neumann/U.Schrott, Neue Theorien von Kriminaltät und Strafe, 1980, S.115f.

풀이되는 경향에까지 이르렀다. 공공의 이익 또는 처벌의 불균형이나 처벌의 불가능으로 인하여 폭발할 국민의 법 감정을 고려해 법적 안정성의 가슴 아픈 손상에도 불구하고 소급형법이라는 괴물을 정당한 것으로 승인하면 할수록,[146] 소급효금지원칙과 같은 중량감 높은 법치국가의 형법원리도 정치적인 상황논리에 따라 신축성 있게 흔들거리는 편이한 도구로 전락할 수밖에 없을 것이다. 이런 염려는 그 후 40년이 채 되지 않아, 동독정권이 몰락했을 때, 이른바 국경수비대사건을 비롯한 구동독정권을 악마화하기 위한 대대적인 체제불법청산과정에서 현실로 다시 드러났다. 당시 독일의 정치계와 법조계의 지배적인 분위기는 과거 동독 불법체제의 희생자들이 입은 고통을 상쇄할 만한 위로를 주어야 한다는 것이었다. 이에 걸맞은 조치는 불법체제하에서 불가능했던 정당한 형사소추를 바로 그 희생자들을 위하여 그리고 그 희생자들의 목소리를 대신하여 행해야 한다는 것이었다.[147] 이런 입장에 섰을 때, 국민전체의 생명과 신체에 대해 직접적인 위협을 가한 체제불법이 왜 단지 일상적인 범죄의 하나로 취급되어야 하는지, 왜 법치국가가 그들 편에 서야 하는지 이해할 수 없다는 것이었다. 또한 그들이 바란 것은 서독식의 법치주의가 아니고 정의 그 자체였는데, 법치주의는 왔지만 정의는 아직 오지 않았다는 불만이었다.[148]

마침 통일독일의 첫 총선거를 앞둔 상황에서 기존 서독 정당들이 구동독지역의 표심을 얻기 위한 선거공학적인 계산이 없을 수 없었다. 구동독체제를 악마화하지 않으면 동독에 기반을 둔 신생정당에 표가 결집할 수 있다는 염려가 형법을 통한 체제불법청산이라는 카드를 정치적

---

146 J.Baumann(JZ1963, S.118)은 이스라엘이 예루살렘에서 행한 아이히만 재판에 대한 논평에서 홀로코스트 가담자들에 대한 소급형법의 정당성과 관련하여 이런 입장을 취했다.

147 물론 이 희생자 개념은 실제의 희생자뿐만 아니라 법 감정의 손상을 입은 일반인을 포괄할 수 있는 넓은 개념이다.

148 김동률/최성진, 「체제불법의 형법적 과거청산의 당위성에 대한 연구」, 동아법학 66호, 2014, 456면.

으로 백분활용하게 만든 요인이기도 했다. 당시의 독일 법조계가 라드브루흐공식을 끌어들여 동독의 체제불법을 척결함으로써 구동독통치의 불법청산이 나치의 불법청산과 유사하다는 점을 독일국민에게 각인시켜 준 셈이다. 이것은 정치적으로 통일주도권을 쥐었던 서독체제가 동독체제보다 도덕적으로 우월하다는 점을 확인시켜 주는 효과를 가져왔다고 말할 수 있으며, 그 결과는 통독 후 처음 치러진 총선에서뿐만 아니라 그 후에도 통일독일의 새로운 정치지형을 결정하는 데 그대로 반영되어 나타났다고 평가할 수 있다.[149]

(3) 이론적 · 실무적인 확대위험과 방어적인 대안

잘리거(Saliger) 교수는 그의 저서 '라드브루흐공식과 법치국가'에서 이 공식이 첫인상과는 달리 소급효금지원칙에 위배되지 않는 점을 확인할 수 있다고 했다. "초법률적 법은 비록 비실정적인 형태이지만, 행위 시에도 이미 효력을 갖고 있었기 때문이다. 초법률적 법과 합치하지 않는 정당화규범은[150] 행위 시에 이미 효력이 없으며, 문제가 되는 행위들은 행위시에 이미 범죄행위였기 때문이다."[151] "붕괴되기 이전에 전체주의국가가 자행한 불법에 직면한 비상상황에서도 한 법치국가가 엄격한 법실증주의를 견지한다면 폭력과 자의에 대한 대항수단으로서 법치국가적 근본원칙인 죄형법정원칙이 오히려 폭력국가와 그 범죄를 옹호하는 방패로 전락하는 모순이 발생한다. … 만일 혁명적인 정치적 격변이 발생한 후 과거에는 불법국가의 범죄자였지만 지금은 법치국가의 시민이 되었다는 이유로 엄격한 실증주의에 근거해서 그들을 처벌하지 않는다면, 결국 법치국가의 이념은 좌절되는 것이 아닌가?"[152] "특정한 범죄

---

149 김일수, 전게 연구보고서, 88면 이하.
150 이것은 실정법률 자체가 반인륜범죄를 저지르도록 명하는 것과 같은 '법률적 불법'을 지칭한다.
151 잘리거, 라드브루흐공식과 법치주의, 53면.
152 앞의 책, 56면.

는 이를 처벌하지 않는 것이 정의에 대한 참을 수 없는 위반이 되기 때문에 법적 안정성을 보장하는 죄형법정원칙이 배제되어야 할 정도로 비정상적인 경우가 존재한다."[153]

라드브루흐의 이와 같은 논증에 대해 특히 하트(Hart)류의 법실증주의에 대한 이해가 깊은 알렉시(Alexy)교수는 죄형법정원칙의 침해를 은폐하는 전략이라고 비판한 바 있다.[154] 비상상황에서는 정의의 실현을 위해 법적 안정성을 희생시켜야 하고, 더 나아가 법적 안정성을 담보하는 죄형법정원칙의 적용범위를 상대화할 것을 주장하는 라드브루흐의 입장은 인간의 존엄성 자체를 직접 침해한 '인간성에 반하는 범죄'나 '인종청소와 같은 집단학살'에 한하여 타당할 수 있다.[155] 그 범위를 넘어서서 체제불법청산이나 역사 바로 세우기 등에 남용되어서는 안 될 일이다. 라드브루흐의 생애 끝 무렵과 달리 오늘날 정의 일반이 거꾸로 법적 안정성의 측면으로 환원되는 경향은 법의 세계에서 이미 주목의 대상이 된 지 오래다.[156]

통독 후 동독의 체제불법청산과 관련하여 이론적·실무적으로 큰 관심대상이 된 일련의 사건이 이른바 국경수비대사건(Mauerschützenfall)이었다. 동독 국경수비대원들이 동독의 국경장벽을 넘어 서독으로 탈출하는 월경자들을 동독 국경법 제27조 제2항에 따라 사살한 행위가 통독 후 독일 사법의 심판대 앞에 세워졌던 것이다. 이 사건 재판에서 핵심은 위에 언급한 동독 국경법 규정을 당시 동독 법체계 내의 자명한 법률로 보고 사살을 정당화하는 법률규정으로 이해할 것인가 아니면 서독 법체계 내지 인도적인 서유럽국가의 인권법적 기준에 따라 달리 해석할 것인가에 있었다. 유럽인권법원은 이 사안을 후자의 관점에서 판단했고, 사살행위를 비례성의 원칙에 반하는 범죄행위로 보아 정당화할 수 없다

---

153 앞의 책, 57면.
154 R.Alexy, Begriff und Geltung des Rechts, 1992, S.106.
155 김일수, 전게 연구보고서, 87면 주173.
156 K.Seelmann, Rechtsphilosophie, 1994, S.132.

는 입장을 취했다.[157]

이 사건에 대한 독일헌법재판소의 결정과 독일연방최고법원의 판결도 비록 유럽인권법원보다 훨씬 앞서 내려진 것이긴 하지만, 결론에 있어서는 위 유럽인권법원과 다르지 않았다. 다만 라드브루흐공식을 논거로 한 점이 다를 뿐이었다.[158] 물론 유럽인권협약도 범죄인의 자유에 유리하도록 소급효금지원칙을 보장하고 있다(제7조 제1항). 단 제7조 제2항은 국제법적 범죄의 경우, 그 범행당시 그것이 문명국들에 의해 승인된 일반적인 법원칙들에 따라 가벌성이 인정될 때에 한하여, 그 범행에 대한 소급적인 처벌을 허용한다.

이런 맥락을 종합해 보면 소급효금지의 예외로서 소급처벌이 가능한 경우는 라드브루흐가 제시했던 '참을 수 없는 부정의', 즉 '극단적인 불법'에 실질적으로 상응하는 이른바 '인간의 존엄성을 직접 침해한 범죄', 즉 '인간성에 반하는 인간증오범죄' 내지 '인종청소 같은 집단학살'에 국한해야 할 것이다. 더 나아가 유럽인권협약상 소급효금지의 예외 사유가 되는 '국제법적 범죄'도 '국제법에 반하는 전쟁범죄'에 한하여 제한되고 절제된 범위에서 예외적으로 허용해야 할 것으로 본다. 만약 이 추상적인 언어로 규정된 예외적 허용의 범위가 엄격히 제한적으로 사용되지 않는다면, 소급효금지원칙의 정향(定向)기능(Orientierungsfunktion)은 고장 난 어떤 기계의 작동에 지나지 않을 것이다.[159]

(4) 시간적 정의의 관점에서 본 문제점

라드브루흐공식에 배어 있는 사상은 시간적 정의의 관점에서 볼 때

157　EGMR 2001-II, 411, 441f. 이 결정에 대해 독일법률가들 사이에 찬반양론이 있었으나 비판론이 우세했다(G.Dannecker, Zeitlicher Geltungsbereich, a.a.O., §30 Rn.102 Anm.283).

158　BVerfGE95, 96, 134; BGHSt39, 1, 15f.

159　R.Alexy, Der Beschluß des BVerfG zu den Tötungen an der innerdeutschen Grenze vom 24. Oktober 1996, S.8.

다분히 과거지향적인 현재의 울타리에 갇힌 듯해 보인다. 과거를 딛고 일어서야 현재의 돌파구가 열리는 상황에서 그가 붙잡은 형벌관은 다분히 바리새인의 정의와 엄숙한 응보정의에 기울어져 있는 것으로 판단되기 때문이다. 거기에는 사랑이라는 현재의 지평뿐만 아니라 희망과 평화공존과 사회통합이라는 미래의 지평까지도 꽉 닫혀 있다. 과거의 불법국가 만행자들과 당대의 법치국가 시민들은 함께 얼굴을 맞댈 수 없는 부류들로 구별되어 있었기 때문이다. 전자는 악이요 후자는 선이며, 전자는 불의요 후자만 정의일 뿐이다.

이러한 차별화는 최근의 적대형법에서 거론되는 인격과 비인격, 시민과 적의 구별과 유사점을 갖고 있다. 거기서 죄형법정원칙은 상대화되었지만, 그 상대화를 통한 차별대우는 절대화하지 않았는가. 이 같은 구별이 절대화될 때, 법은 자신의 근본목적과 상관없이 순전히 기술적이거나 기계적인 체계로 굳어져 소급입법이 아무런 거리낌조차 없이 통용될 수 있는 삭막한 상황이 조성된다.[160] 법적 안정성도 자유의 보호막이요 자유의 촉진자라는 고유한 목적과 기능에서 벗어나 실은 빈껍데기로 전락할 위험에 직면하게 될 것이다. 그리고 죄형법정원칙이 수행하는 또 다른 기능, 즉 사회 통합적 예방을 뜻하는 적극적 일반예방기능도 바리새적인 응보정의가 지배하는 곳에서는 발붙일 겨를도 없이 배척당하고 말 것이다.

요컨대 국가형벌권작용을 제한하는 데 써야 할 소급효금지원칙이 일단의 잠재적 · 현실적 피해자들의 처벌욕구라는 법 감정을 만족시키기 위해, 헌법재판소와 대법원에 의해 처분 가능한 신축성 있는 원칙으로 전락하게 된다면, 형법은 정치적 목적을 위해 소환될 수 있는 편리한 정치적 도구가 되기에 안성맞춤일 것이다. 국가권력에 대한 헌법적 제한원리보다 국가권력에 의한 응보적인 처벌필요성을 우위에 두는 법 상황은 기필코 이른바 눈치보기사법(ad-hoc-Justiz), 승자(勝者)의 사법(Siegerjustiz),

---

160   해롤드 버만/김철, 종교와 제도, 1992, 138면.

법제국주의(Rechtsimperialismus)라는 등의 오명에서 자유로울 수 없을 것이다.[161]

(5) 한국적 과거청산 작업에서 본 시간적 정의의 문제

우리나라에서도 정치적·사회적인 격변기마다 소급입법에 의한 과거청산작업이 끊임없이 이어져 왔던 게 사실이다.[162] 강한 정치적 의도를 가지고 추진했던 「반민족행위처벌법」(1948.9.22.), 제2공화국을 출범시킨 제4차 개헌(1960.11.29.)에서 3·15부정선거관련자 및 반민주행위자 처벌을 위한 소급입법의 헌법적 근거를 마련한 헌법부칙조항 및 이에 따른 부정선거관련자처벌법, 반민주행위자공민권제한법, 부정축재특별처리법, 특별재판소 및 특별감찰부 조직법 등의 소급적 특별법, 김영삼 정권의 문민정부 시절에 만들어진 「헌정질서파괴범죄의 공소시효 등에 관한 특례법」(1995.12.21.법률 제5028호)과 「5·18민주화운동 등에 관한 특별법」(1995.12.21.법률 제5029호) 및 그에 대한 헌재의 합헌결정과 그에 따른 대법원의 유죄확정, 그 밖에도 노무현정부에 들어와서 만들어진 「친일반민족행위자 재산의 국가귀속에 관한 특별법」(2005.12.29.법률 제7969호) 등이 그 대표적인 예시에 해당한다.

특히 김영삼 정권하에서 벌어졌던 역사바로세우기 소용돌이 속에서 12·12와 5·18사건의 불법청산에 형법의 개입을 주장한 많은 견해들 가운데는 직·간접으로 독일의 나치청산과 구동독체제청산에서 보여 준 형사소추모델을 지지하는 경향이 강했다. 더불어 그 이론적 토대가 된 라드브루흐공식에 따라, 법적 안정성에 대한 정의의 우위, 법률적 불법에 대한 초법률적 법의 우위를 원용하여 소급입법에 날개를 달아 주는 일을 무슨 시대정신인 양 서슴없이 펴기도 했었다.[163] 그러나 이 같

---

161 W.Frisch, Unrecht u Strafbarkeit der Mauerschützen, FS-Grünwald, 1999, S.140;
    Il-Su Kim, FS-Roxin, S.141.
162 이에 관하여는 김일수, 전게 연구보고서, 157-190면 참조.

은 이념의 대립은 첨예하게 택일적이 되지 않도록 절제되어야지, 결코 절대화되어서는 안 될 일이다. 그것이 법의 역사성의 깨우침이요, 또한 법에 있어서 시간적 정의의 가르침이기도 하다.

12·12나 5·18 책임자들을 처벌하기 위한 소급입법을 독일처럼 초법률적인 법과 같은 자연법적 정의의 이름으로써 정당화하려는 시도는 우리에게 있었던 정치상황을 나치 일당독재나 동독 사회주의 일당독재가 지배했던 정치상황과 동일선상에 놓고 볼 수 없다는 점에서 상황인식에 의문이 제기될 수 있다.[164] 더 나아가 자연법적 정의는 "불법은 언제 어디서나 불법이다"라는 명제와 함께 "불법은 벌을 통해서만 청산되어야 한다"라는 명제를 암묵적으로 전제하고 있지만, 시간적 정의의 관점에서 볼 때, 시간의 흐름과 무게를 충분히 고려하지 못한 채 과거적인 정의에만 얽매여 있다는 비판에서 벗어나기 어렵다.

시간적 정의는 구체적·현실적인 인간의 실존조건에서 빼놓을 수 없는 인간의 존엄과 자유의 발전 및 유지를 목적 삼는 가운데 끊임없이 현존재의 과거를 미래의 전망 속에서 현재화하는 노력이기 때문이다. 거기에는 공동의 미래전망을 현재화하기 위해 과거의 당사자들이 서로 용서를 주고받으며 또 희생하고 양보하면서 현재와 곧 다가올 미래를 새로운 역사로 만들어 가는 노력도 포함된다. '사랑의 법'이 추구하는 정의도 바로 이러한 과정을 통해 빚어질 수 있는 것이다.[165]

이 같은 맥락에서 볼 때, 죄와 벌의 문제에서 시간의 연속적인 흐름을 깨트리고 특정 당사자들로부터 시간의 의미와 이익을 앗아가는 소급입법은 부자연스럽고 인위적인 시간조작의 결과 외에 다름 아니다. 이러한 시간조작은 인격적 존엄과 행복추구의 주체인 한 사람의 입장에서

---

163 라드브루흐공식에 대한 비교적 상세한 비판은 김일수, 전게연구보고서, 85-92면.
164 변종필, 「반인도적, 국가적 범죄와 공소시효」, 비교형사법연구 제8권, 2006, 655면; 심지어 나치일당독재와 동독사회주의 일당독재도 그 불법의 중대성에 분명 차이가 크므로, 법적으로 동일선상에 놓고 다루려는 시각에 동의하기 어렵다. 같은 취지로는 G.Dannecker, Zeitlicher Geltungsbereich, a.a.O., §30 Rn.103 특히 Anm.291 참조.
165 김일수, 전게 보고서, 90면.

보면 정상적인 생활세계의 리듬을 파괴하는 날벼락 같은 것이다. 그것은 평온을 지향하는 법의 세계에 평지풍파를 몰고 온 것과 같다. 그로 인하여 상호교류와 상호소통을 통한 사회체계의 활력은 위축될 것이다.

4. 공소시효와 시간적 정의

(1) 법학에서 조명받지 못한 시간적 정의

세계 제2차 대전 종료 후 독일의 법조계가 떠맡은 과제는 이른바 '법의 갱신'이었다. 법을 새롭게 한다는 과제는 총체적 불법국가의 악법을 청산하고 법치국가의 법으로 거듭나게 하는 일이었다. 라드브루흐의 공식은 비록 짧은 글 속에 피력된 생각이었지만, 그러한 법 갱신의 과제에 직면하여 당대의 법철학이 안고 있던 난제에 대하여 한줄기 빛과도 같은 강력한 영향을 끼쳤다. 라드브루흐(Radbruch)는 당대 최고의 형사정책가인 리스트(von Liszt)의 수제자로서 신생 바이마르공화국의 초대 법무장관을 지냈고, 그런 연고로 나치의 박해를 피해 영국에서 망명생활을 보냈던 독일의 대표적인 법철학자요 형법학자이며, 반응보적인 형법사상가요 재사회화형법사상에 경도된 형법개혁가로서 명성을 떨친 사람이었다.[166]

그의 망명을 전후하여 그의 법사상에 나타난 일대전환은 법 감정을 격분시키는 극도의 범죄적 법률은 정의의 이름으로 법의 세계에서 배제해야 마땅하지만, 그런 참을 수 없는 불법이 아닌 한, 법적 안정성 자체도 정의의 한 구성부분으로 중시해야 한다는 것이었다.[167] 독일의 법철학자 리츨러(E.Riezler)도 이 관계를 좀 더 설득력 있게 개진한다. 즉, 법

---

166   G.Radbruch, Einführung in die Rechtswissenschaft, 12.Aufl., 1969, S.137f.; C.Roxin, Franz von Liszt und die kriminalpolitische Konzeption des AE, in: ders., Strafrechtl. Grundlagenprobleme, 1973.

167   구스타프 라드브루흐, 법률적 불법과 초법률적 법, 프랑크 잘리거, 전게서, 부록1, 153면.

의 최상위 목표는 정의의 실현이지만, 법질서를 불안정하게 만들면서 정의를 실현한다는 것은 언어도단이라는 것이다. 어느 누구도 현재 허용된 행위가 사후 어느 때에 만들어진 소급적 법률을 근거로 처벌받아서는 안 된다. 그러므로 만일 사후입법에 의해 처벌을 받게 된다면, 그것은 단지 법적 안정성의 요구에 반하는 것이 아니라 정의의 요구에도 반한다고 한다.[168]

시간적 정의는 어느 추상적인 정의개념보다도 더 구체적·현실적이고 절박한 실천 요구를 내포하고 있기 때문에, 시간적 정의의 관점에서 볼 때 소급입법은 시간적 정의를 무시하거나 그 흐름을 왜곡시키는 교란자와도 같다. 그러므로 매우 민감히 맞서 대응해야 할 문제인 것이다. 하지만 시간적 정의의 의미는 법학에서 아직도 어두운 장에 속한다.

(2) 법에서 시간적 정의가 의미하는 것

위에서 살펴본 바, 법에서 시간적 정의가 의미하는 바는 법 속에서 살아가는 각 사람에게 시간의 이익을 보장하는 일이며, 그 시간이익은 내용적으로 분초를 다투는 생명가치와도 비견할 만한 자유의 지속성이다. 그 지속적인 자유의 가치는 인간의 현존재를 참으로 인간답게, 바로서서 당당하게 걸어가게 해 주는 원동력이라는 점이다.[169] 법에서 시간적 정의는 인간의 인간다운 실존을 위한 주관적·객관적, 내적·외적 조건들을 법이 보다 더 구체적·현실적으로 유지·발전시키도록 진력해야 할 것을 촉구할 뿐만 아니라, 그 조건들의 침해에 대해 각 사람이

---

168 E.Riezler, Der totgesagte Positivismus, in:W.Maihofer(Hrsg), Nr od Rp?, 1972, S.250f.

169 모세는 애굽의 노예상태에서 이스라엘민족을 해방시킨 출애굽사건이 그들로 바로 서서 당당히 걷게 하실 여호와의 의도에서 비롯되었음을 밝혔다. 모세의 율법 속에 나오는 "도둑질하지 말라"는 재물만이 아니라 향유주체의 의사에 반한 인격, 자유, 시간, 명예, 행복, 영혼까지 포함한 모든 인간의 실존조건들에 대한 탈취를 금하는 것이다.

아주 민감하게 반응할 수 있도록 보호 · 방어 장치를 마련할 것을 촉구하기도 한다. 인간의 현존재가 물리적인 시간의 의미에 비추어 볼 때 가련한 존재일지 모르나, 법의 시간, 사회의 시간, 역사의 시간에 비추어 볼 때 더욱 존귀하게 대하여야 할 존엄한 주체로 드러나기 때문이다.

법에서 시간적 정의의 의미에 따라 인간의 현존재를 대한다면, 인간의 생명과 자유와 시간을 부득이 제한하거나 박탈하는 어떤 법제도라도 가능한 한 절제된 범위에서 사용될 때 정의로운 것이며, 필요 이상으로 과도한 행사는 정의롭지 못한 것으로 평가할 수밖에 없다. 오늘날의 신장된 인권감수성의 수준에 비추어, 아니 그 너머의 지평을 내다보며 법은 끊임없이 지금보다 더 인간친화적인 법으로 개혁되고 갱신되어야 한다는 것이다.

(3) 공소시효에서 시간적 정의가 의미하는 것

이런 관점으로부터 이제 우리는 공소시효에서 시간적 정의 문제를 다루어 보고자 한다. 사회에서는 죄를 짓고서도 법망을 피해 숨죽이고 살아가는 사람들이 없지 않다. 그런 현상은 인간의 악함 때문이라기보다 법의 속성상 빚어진 결과이다. 법률은 신이 아닌 인간의 손으로 만든 작품이므로, 아무리 완벽을 기한다고 해도 완전할 수가 없고, 여기저기 빈틈이 나게 마련이다. 특히 형법처럼 단편적 성격을 지닌 법률인 경우에는 입법자가 완벽주의에 빠지지 않도록 스스로 경계해야 하며, 오히려 흠결에 대한 용기를 가지라고 권하는 사람도 있는 실정이다. 국가시민은 법을 두려워함이 없이 원칙적으로 자유로운 인간으로 살게 되어 있다. 자유가 원칙이고, 그에 대한 형법적 금지는 예외일 뿐이다. 따라서 특별히 금지되지 않은 것은 원칙적으로 자유의 영역에 속한다.

마찬가지로 범죄가 발생했어도 인간과 국가사회의 불완전성 때문에, 촘촘한 수사망을 펴고서도 범인을 못 찾고 사건은 미궁 속으로 빠져들 때도 적지 않다. 오히려 그것이 정상적인 국가와 사회에서 흔히 생길 수 있는 일이다. 인간이 법망을 피해 도망칠 자유는 인간의 본성에서 비롯된 아주 오래된 자연권 중의 하나다. 그러므로 한 번 죄를 짓고도 법망을 빠져나가 여전히 삶을 영위하는 사람을 우리는 잘했다고 칭찬할 것까지는 없지만 비난을 퍼부어야 할 일은 아닌 것이다. 우리형법에도 '법률에 의하여 체포 또는 구금된 자'가 도주한 때에는 도주죄(제145조 제1항)가 성립하지만, 그렇지 않은 경우는 죄가 되지 않는다. 죄를 지은 자가 자수 또는 자복하면 일정한 형의 감면이라는 특전을 기대할 수는 있지만(제52조), 공직자를 제외하고는 누구도 스스로 국가의 형벌권실현에 협조해야 할 의무를 지고 있지는 않다.

이런 맥락에서 우리는 공소시효제도를 기왕의 법익침해로 인해 야기된 법질서의 교란과 동요가 사회 자체 내의 자기복원력(self-resilience)에 의해 법익평온상태와 법적 평화로 스스로 변환(transformation)하는 신비로운 과정으로 이해해야 할 것이다. 우리의 생활경험에 비추어서 "세월이 약이라는 말"은 결코 가볍게 보아 넘길 말이 아니다. 공소시효의 정해진 시간은 쉬지 않고 흐르게 마련이지만, 사건을 치유하고 사람들의 마음을 치유하고 기억을 추억으로 순화시켜 주는 힘을 갖고 있다. 예컨대 살인을 했더라도 사형감이 아닌 경우는 25년이 지나면 공소시효가 완성하여(형소법 제249조 제1항), 국가의 공소권이 소멸한다. 공소시효의 시작부터 완성까지의 기간은 쓰고 차가운 기다림(Warten)의 시간이다.[170] 공소시효의 외줄타기를 하는 자 역시 그야말로 오매불망(寤寐不忘) 기다림의 사람이다. 그 "기다림"이라는 인고와 목마름의 시간이 사회의 시간과 법의 시간을 치유시키는 신비스러운 약효를 가지고 있는 셈이다.

국가가 의도적으로나 부주의로 수사와 소추직무를 방임하거나 게을리 취급한 경우가 아닌 한 공소시효의 자연스러운 완성은 시간적 정의 실현의 일부로 간주해야 할 일이다. 즉, 범죄발생으로 인하여 야기된

---

170 후설은 '내적인 시간구조'를 종결짓게 하는 어떤 특징적인 사태가 '기다림'이라고 보았다(G. Husserl, Recht und Zeit, a.a.O., S.35).

규범체계의 불안정과 미제사건으로 돌아간 이후에도 이어질 국민의 법감정의 훼손은 그러나 정해진 시간의 성스러운 흐름으로 인해 공소시효가 완성되면 그와 더불어 규범체계의 불안정도 종식되고, 법감정의 훼손도 진정된다고 보아야 한다. 드디어 법의 세계는 새로운 평화와 치유가 선포되는 셈이기 때문이다. 이것이 법에 있어서 카이로스의 시간이요 역사성의 시간이며 공동사회의 시간이 빚어낸 거룩한 열매라 할 것이다. 소급입법금지, 공소시효, 사면과 복권 등의 법제도는 시간적 정의를 중시하는 사랑의 형법의 소중한 보물들이기 때문이다.

(4) 현명한 입법자라면 어떻게 할 것인가

그러므로 때로는 공소시효를 손질해서라도 범인을 끝까지 추적하여 정의를 바로 세워야 한다는 대중의 그럴싸한 여론이나 피해자들의 격정적인 항변에도 불구하고 현명한 입법자는 함부로 공소시효에 손을 대서는 안 된다. 왜냐하면 공소시효제도 속에 이미 미움도 복수심도 사랑과 정의와 함께 녹아 있고, 마치 이스라엘민족의 오래된 희년(The Year of Jubilee: 禧年)제도에서처럼[171] 부채의 짐뿐만 아니라 수치와 굴종의 멍에도 그날이 오면 씻은 듯 다 벗겨져 내려, 이제 새로운 자유와 해방과 평화의 기쁨을 누릴 기회와 기대도 함께 거기에 녹아 있기 때문이다.

공소시효의 완성에도 불구하고 거대범죄(macrocrime)의 경우에 흔히 경험할 수 있는 바와 같이 사라지지 않고 남아 있는 특이한 복수심과 피해자의식은 어떻게 해소할 것인가? 이 문제는 형법정책의 관점에서 섣불리 공소시효에 손을 대서 해결할 문제가 아니라고 생각한다. 오히려 형사정책적인 관점에서 오늘날 새롭게 조명되고 있는 '회복적 사법'이나 '치료적 사법'의 기법을 기존의 사법절차에 투입해 보는 것도 하나의 방법일 수 있겠다. 그러나 그보다 앞서 사회정책적인 차원에서 진실

---

171   레위기 25:8-12.

과 화해프로그램의 예에서 보듯 사회통합을 위한 적극적인 사회정책을 통해 해결해야할 정치적인 과제인 것이다.[172] 일찍이 리스트(von Liszt)가 말했던 것처럼, 형법(정책)은 형사정책의 최후수단이어야 하고, 더 나아가 형사정책은 사회정책의 최후수단이어야 한다는 점을 상기할 때, 더욱 그래야만 할 터이기 때문이다.

종종 입법의 실제에서 볼 수 있듯이 특례조항을 두어 공소시효의 기간을 정지, 연장, 배제하는 조치들은 입법자들이 번민의 밤을 지새우면서 그 정당성의 합리적인 근거를 찾지 않고서는 함부로 감행할 일이 아니다. 비등하는 여론에 못 이겨서 또는 범죄공포로부터 오는 시민들의 불안과 불만을 무마하기 위한 임시방편으로서 공소시효의 정지, 연장, 배제 등의 조치를 취하는 것은 결코 현명하고 합리적인 형법정책이나 형사정책으로 평가할 수 없다. 바로 이런 조짐이 우리가 우려하는 통제국가, 경찰국가로 가는 불길한 징조의 일단으로 보이기 때문이다.[173]

이처럼 공소시효제도에서 범인에게도 주어진 시간의 이익을 빼앗는 법적 조치는 공존세계에서 한번 실책한 동료시민들의 비공식적이고 자발적인 속죄(진정한 의미의 인격화와 사회화)노력에 찬물을 끼얹는 현명치 못한 처사이다. 또한 현재 그들이 그늘에 몸을 숨긴 채 익명으로 누리는 자유, 명예, 재산과 미래의 보다 나은 삶의 전망마저 앗아가는 냉혹한 처사이기도 하다. 공소시효제도가 국가와 사회로부터 존중히 여김을 받을 때, 한번 불법을 저지르고 쫓기는 삶을 사는 범인도 법의 세계를 다시금 경외심으로써 바라보고 존중히 여기게 될 것이다. 그러므로 위에서 언급한 일련의 처사는 창살 없는 감옥 속에서 공소시효와 함께 달려가는 이들의 그늘진 일상을 공포의 먹구름으로 뒤덮어 버림으로써 그들의 삶의 세계를 식민지화할 위험을 안고 있다. 끝내는 그가 속한 사회공동체

---

172   김일수, 전환기의 형사정책, 2012, 13-25면; 김일수, 「나의 형법학이해 30년」, 형법질서에서 사랑의 의미, 329-349면 참조.

173   2015.7.31.자로 신설된 형소법 제253조의2가 그런 경우이다. 즉 사람을 살해하여(종범 제외) 사형에 해당하는 범죄는 공소시효가 영구히 배제된다. 그리고 그 시행 이전에 범한 범죄로 아직 공소시효가 완성되지 아니한 범죄도 같다(부칙 제2조 제2항).

의 한 구석을 황폐하게 만듦으로써 법공동체의 불안정을 유발하여 사회체계의 사막화를 촉진시킬 수도 있으리라는 점을 간과해서는 안 될 것이다.

(5) 5 · 18특별법과 공소시효특례법에 대한 비판적 성찰

이와 관련하여 특별히 문민정부시절 만들어져 아직까지도 살아 있는 5 · 18특별법과 공소시효특례법을 다시 검토해 볼 필요를 느낀다. 당시 '역사바로세우기'가 역사성의 의미에서 새로워짐의 역사였는지는 논외로 하더라도, 자유와 기본권을 위한 법치국가적인 보장책들을 정치적인 계산에서 너무 쉽게 처분한 것은 아닌가 하는 의문점 때문이다. 위에서 언급한 두 법률은 당연히 전두환 · 노태우 두 전직대통령을 제외한 12 · 12와 5 · 18 주역들까지 형법적으로 단죄하고 처벌하기 위해, 공소시효에 관한 걸림돌을 제거하기 위한 정치적 목적으로 제정된 것이다. 당시의 정치적인 지형이나 의회 내부의 여 · 야 역학관계에서는 오히려 법률의 형식을 빌려 단죄와 처벌에 걸림돌이 되는 법적 논란들을 일거에 뛰어넘는 것이 훨씬 더 손쉽고 간편한 방법이라는 데 암묵적인 교감이 있었던 것도 사실이다.

이들 정치입법이 제정되자 무엇보다도 5 · 18특별법 제2조에 규정된 공소시효정지사유가 형벌불소급의 원칙을 밝힌 헌법 제13조 제1항에 위반하는지 여부가 헌법재판소의 헌법소원심판청구의 대상이 되었다.[174] 1996년 2월 16일 당시 헌재의 재판관 전원은 위 법률시행 당시 아직 공소시효가 완성되지 않았다고 보는 경우(부진정소급효)에는 위헌일 수 없다는 데 의견이 일치했다. 그러나 공소시효가 이미 완성된 것으로 볼 경우(진정소급효)에 대해서는 의견이 갈렸다. 재판관 김진우, 이재화, 조승형, 정경식 등 4인은 합헌이라는 의견이었고, 재판관 김용준, 김문

174　헌재 1996.2.16. 96헌가2, 96헌바7, 96헌바13(병합).

희. 황도연, 고중석, 신창언 등 5인은 한정위헌이라는 의견이었다. 결국 헌법재판소법 제23조 제2항 제1호에 정한 바, 위헌결정을 위한 정족수에 1인이 모자라 5·18특별법 제2조는 합헌으로 결정됐다.

합헌의견을 낸 4인은 진정소급입법은 법치국가원리에 의해 헌법상 허용되지 않는 게 원칙이나 특별한 사정이 있는 경우는 허용될 수 있다는 것이다. 그 특별한 사정이란 기존의 법을 변경하여야 할 공익적 필요는 심히 중한 반면, 그 법적 지위에 대한 개인의 신뢰를 보호하여야 할 필요가 상대적으로 정당화될 수 없는 경우에는 예외적으로 허용될 수 있다는 것이다.

한정위헌의견을 낸 5인은 범죄와 형벌에 관한 한 어떤 공익상의 이유나 국가적 이익도 개인의 신뢰보호의 요청과 법적 안정성에 우선할 수 없다는 전제 아래, 공소시효가 이미 완성된 경우에 그 뒤 다시 소추할 수 있도록 법률로써 규정하는 것은 헌법 제12조 제1항 후단의 적법절차의 원칙과 제13조 제1항의 형벌불소급원칙의 정신에 비추어 위헌이라는 것이다. 그러므로 5·18특별법 제2조는 이 특별법에 정한 범죄행위에 대한 공소시효가 이미 완성된 경우에도 적용하는 한, 위헌이라는 것이다(한정위헌).

이들 논거를 곱씹어 보면 먼저는 실망이요 그 다음은 위안이지만 결론적으로는 법치주의와 시간적 정의의 관점에서 안타까움이 남는다. 먼저 실망의 이유는 일부 헌법재판관들의 시각이 자유주의와 법치주의에 기초한 헌법의 원리를 깊은 통찰을 통해 법적 확신으로까지 끌어올리지 못한 채, 중요한 헌법적 쟁점을 판단하는 데 있어 법률기능사 같은 얕은 논리를 편 게 아닌가 하는 점 때문이다. 김진우 재판관은 제1기 조규광 헌재에서 김영삼 씨가 당대표로 있던 통일민주당 추천으로 헌재에 발을 들여 놓은 뒤, 제2기 김용준 헌재에서는 김영삼 대통령 지명케이스로 중임된 분이다. 이재화 재판관은 판사출신으로 윤관 대법원장 지명케이스다. 조승형 재판관은 검사경력자로 전남출신이며, 김대중 대통령 후보의 특보로 활동한 경력이 있는데다, 김대중 씨가 당대표로 있던 민

주당 추천케이스다. 정경식 재판관은 검찰의 오랜 공안통으로 경북출신
이며, 김진우 재판관과 마찬가지로 김영삼 대통령 지명케이스다. 이런
배경으로부터 당시 과거청산과 역사 바로 세우기에 골몰하던 김영삼 대
통령과 5·18의 명예복원에 골몰했던 당시 제1야당 민주당 김대중 대표
의 정치적 역량이 헌재의 합헌결정에 선 소수자들의 의견에 어느 정도
영향을 미치지 않았을까 하는 그럴듯한 짐작을 갖게 한다.

그다음으로 위안의 이유는 다수의 한정위헌의견이 주는 구구절절
품격을 갖춘 수준 높은 헌법적 논증에 깊이 공감하기 때문이다. 결과적
으로 남게 된 안타까움의 이유는 정치적인 영향력 외에도 복합적인 이
런저런 기연으로 단 1표의 부족으로 인하여 헌재가 자유주의, 법치주의
와 시간적 정의의 대로로 진입할 수 있는 결정적인 기회를 놓친 아쉬움
때문이다. 여기서 우리는 법의 역사성의 실현과 정치적·사회적 약자를
위한 최후보루로서 헌법재판소에 거는 기대와 국법체계에서 헌법재판
소가 정립해야 하고 또 할 수 있었던 위상을 크로노스의 시간 속으로 무
의미하게 흘려보냈다는 사실 때문에 가슴 한구석에 안타까움을 느낀
다.[175]

이 사건은 이 특별법과 헌재의 합헌결정을 거쳐 법원으로 넘어갔
다. 대법원의 최종판결에서 박만호, 신성택 대법관의 유력한 반대의견
이 개진되었지만 다수의 의견은 법의 이름으로 시세를 거스르는 데까지
도달하지는 못했다.[176] 본질상 반복될 수 없는 고도의 정치적 행위 영역
에서 드물게 일어나는 일회적 사건은 판결의 대상이 될 수 없는 법이
다.[177] 이와 비슷한 취지에 서 있는 박만호 대법관의 반대의견은 앞으로
도 더 주목을 받아 마땅한 것으로 사료된다.[178]

---

175 이에 관한 상세한 비판은 김일수, 전게 연구보고서, 178면 이하 참조.
176 대판 1977.4.17. 96도 3376; 이 판결에 대한 상세한 비판은 김일수, 전게 연구보고
서, 181면 이하.
177 G.Husserl, a.a.O., S.160ff.
178 당시 계엄령하에서 민간인의 무장 항쟁은 사후에 민주화운동으로 성격규정이 된 셈
이지만, 그 상황을 매듭짓는 데 최상의 방도는 무엇이었는지에 관해 앞으로도 다방

어쨌거나 공소시효의 소급입법은 과거를 현재화하는 것이 아니라 과거를 그보다 더 과격한 과거의 철책 속에 묶어 두는 것이다. 그로 말미암아 현재의 창조적·발전적인 발판은 무너져 내리고, 혹독한 과거가 희망의 미래까지 억누르게 된다. 여기에서 현재와 미래는 뒤틀리거나 위골될 수밖에 없다. 본디 시간의 경과로 과거는 점점 줄어들고, 미래는 점점 넓어지고 열려야 하는 법이다.

공소시효에 영향을 주는 소급입법은 법에서 이러한 시간의 흐름을 인위적으로 차단하거나 역류시키려는 것 외에 다름 아니다. 이것은 법질서의 안정을 뒤흔드는 법체계 내의 지진이요 사변일 뿐 아니라, 법의 존재 목적인 인간의 존엄 및 자유와 안전을 위협하는 일이기도 하다. 정치권력의 직·간접적인 영향력에 이끌려, 입법자들이나 사법관련 종사자들이 법의 세계에서의 시간을 거꾸로 돌려놓거나 깊은 성찰 없이 그 시간을 가지고 장난치는 순간, 시간적 정의는 깨어 있는 법의 주체들에게 즉각 방어적인 위험신호를 발한다는 사실이다.[179] 독일 현대의 법철학자 브리스코른(N.Brieskorn)이 말한 바, 법의 당위성 앞에서의 실천적 삼단논법, 즉 ① 너는 너의 삶을 실현해야 한다 → ② 너는 질서 가운데서 살아야 한다 → ③ 너는 법 속에서 살아야 한다는 요구를 진지하게 경청할 마음의 준비가 되어 있는 법의 주체 내지 법률가라면, 시간적 정의가 부르는 이 같은 방어적 위험신호에 민감하게 깨어 일어나 책임 있게 반응하여야 할 것이다.[180]

면에 걸친 심층연구가 필요한 부분으로 사료된다. 적대형법 주장자들이 논하는 바와 같이 시민과 계엄군의 대결로 볼 것인지, 적과 아군의 대결로 볼 것인지, 또 강제진압이 최우선수단이었는지 최후수단이었는지도 검토되어야 할 문제로 보인다.

179 G.Husserl, a.a.O., S.56f.
180 노베르트 브리스코른, 법철학(1990), 김일수 역, 1996, 19-22면.

결 론

　인간의 존엄성 보장원칙, 죄형법정원칙(법률 없이 범죄 없고 형벌도 없다), 책임원칙(의사자유에 따른 행위책임 없이 범죄 없고 형벌도 없다), 비례성의 원칙(목적과 수단의 적합성, 최소침해의 원칙, 최소희생의 원칙)은 형법을 법다운 길로 인도하는 기본원칙일 뿐만 아니라, 국가형벌권을 제한하기 위한 자유법치국가의 대원칙이기도 하다.

　이들 원칙의 본질적인 내용은 법을 법답게 이끌고 있는 법에서 영원성의 발현이요 법의 역사성의 구현이다. 사회통제의 일부로서 형법질서를 통한 범죄통제는 사회질서의 유지와 평화로운 공동생활의 보존을 위해 빼놓을 수 없는 중요한 요소이다. 그러나 헌법규범의 구체화인 형법은 그와 같은 임무를 항시 법치국가의 헌법이 지시하는 한계 안에서 수행해야만 하는 것이다.

　과거의 권력국가들은 형법을 마구잡이로 휘둘러 사회질서를 유지하고자 했다. 그러나 그렇게 조성된 평온은 실제 살아 있는 사회생활의 평온이 아니요 공동묘지의 적막함에 지나지 않을 것이다. 이러한 사회침체가 누적되면 법의 세계도 생명력을 서서히 잃어버리고 황무해진다. 그 결과 범죄인들은 겁이 없이 방자해지고 범죄는 점점 더 극악해질 수 있다.[181] 만일에 형법의 칼을 적절하게 아껴 쓰지 않고, 아무 때나 함부

181　노태우 대통령 시절 "범죄와의 전쟁" 선포 후 고단위의 경찰력과 검찰력이 투입되었지만, 일시적인 된서리가 녹은 후, 범죄유발의 생태계가 더욱 극악해진 점을 상기할 필요가 있다.

로 뽑아 쓰면, 그 예리함이 무디어져서, 나중에 사람들은 형법규범에 대한 위반을 예사롭지 않게 여기게 될 것이다. 그리고 끝내는 전과자가 어떤 부류의 사람들의 세계를 넘어, 일반인에게도 영예로운 훈장을 받은 사람처럼 비쳐지는 현상과 마주치게 될지도 모를 일이다. 법의 세계에서 이 같은 현상의 도래는 끔찍스러운 사변의 일종으로 보아야 할 것이다. 왜냐하면 그 다음 단계는 아노미(무규범)상황의 도래요 그 다음은 아마도 사회해체 수준일 것이기 때문이다.

그러므로 법의 세계는 항시 그 정당성과 한계를 벗어나서는 안 된다. 형법의 세계는 더 말할 필요조차 없다. 인간의 존엄성과 행복추구의 원칙은 인간이 갖는 고유한 인격성의 윤리적 자기발전과 자기보존을 위해 포기할 수 없는 조건이다. 이를 인간의 주관적 실존조건이라고도 일컫는 이유가 바로 여기에 있다. 형법도 이를 위해 봉사하는 도구에 지나지 않는다. 그렇다면 형사입법, 실정형법의 적용과 집행을 포함한 형법실현의 전 단계와 전 과정에서 존엄성의 주체인 한 사람 한 사람의 자유와 안전을 그 무엇보다 우선시해야 한다. 그것을 넘어가는 권력 작용은 도덕성을 잃은 권력으로 전락하기 쉽고, 도덕성을 잃은 권력은 실질적으로 폭력이나 다름없어, 끝내는 시민불복종이나 국민저항운동의 대상이 될 수밖에 없을 것이다. 형법이 도덕성을 잃은 권력의 도구로 전락할 때, 법의 세계 전체가 실은 헤어나기 힘든 위기에 빠진다.

그러므로 형법이 적나라한 폭력의 도구가 되지 않도록 헌법을 비롯한 규범체계 전체가 일정한 제도적 장치를 마련하고 있는 셈이다. 이를테면 헌법재판소와 사법부가 제 구실을 충실히 수행한다면 국민의 자유와 안전은 그만큼 알차게 보장될 수 있을 것이다. 그 밖에도 일반적인 법원칙들도 형법질서가 제 궤도를 벗어나지 않도록 인도하고 견제하는 기능을 한다. 앞서 언급한 죄형법정원칙과 그의 세부원칙들이 그 역할을 담당하도록 소환되어 있는 셈이다.

이 연구에서는 그중에서 특히 소급효금지의 원칙에 초점을 맞추어 중점적으로 다루었다. 소급효금지의 원칙은 본질상 형법과 시간의 문제, 더 나아가 그 시간의 이익을 범죄 행위자에게 유리하게 귀속시키느냐 아니면 불리하게 귀속시키느냐에 따라 어떤 구체적인 형사법률 제정·개정 및 그에 대한 해석적용이 옳았는지 틀렸는지를 다루고 있다. 차제에 법과 시간의 문제 및 시간적 정의의 문제를 소급입법과 관련한 국내외의 사건과 사례들을 통해 어떻게 해야 형법의 올바른 길로 갈 수 있는지를 고찰해 보았다.

이 연구를 통해 도달한 결론은 이렇다. 우리가 형법을 통해 과거의 사건을 다룰 때 혹 소급입법의 필요성 앞에 직면하더라도, 개인의 자유와 안전을 우선하는 시간적 정의의 목소리에 겸비하게 귀를 기울여야 한다는 것이다.

우리는 과거의 어떤 정치형법적인 거대사건을 다룰 때라도 그 사안을 과거의 시각에 고정시키거나 미래 없는 과거에 매몰되게 해서는 안 된다. 또한 미래 없는 현재의 이해관계와 당장의 시각에 포로가 되게 해서도 안 된다. 오히려 눈을 높이 들어 미래까지 내다보면서 그것이 법의 의미 있는 현실과 역사가 되게 해야 한다는 것이다. 현재가 되지 않는 과거나 미래가 될 수 없는 과거는 의미 있는 역사에서 동떨어진 닫힌 과거요 죽은 시간일 뿐이다. 그것은 법을 오직 과거적 인간의 편향된 시각으로만 끌고 가, 현재적 인간의 시각이나 미래적 인간의 시각에서 직시하고 전망할 수 있는 법의 지평을 차단한다.

무릇 형법 속에 사는 사람은 과거의 비인간적인 부자유 상황을 과거의 것으로써 되돌려 갚는 고집스러운 응보주의자가 되어서는 안 된다. 도리어 긍정적인 사랑의 마음으로 과거의 악행을 교훈삼아 보다 더 자유 우호적이고 인간적인 형법의 현실과 미래가 되게 하는 것, 그것이 형법에서 시간적 정의가 요구하고, 형법의 역사성이 깨우쳐 주는 형법의 현존재적 의미요 또한 형법의 미래음악이다.

현재의 형법이 과거의 그것보다 자유와 인간존중의 정신에서 더 개선되고 진화하는 것이어야 하듯, 현실의 우리에게 과제로 주어진 미래의 형법은 현재의 그것보다 더 개선되고 진화해 나가야 할 그 무엇인 것이다. 형법의 미래가 마침내 도달할 지평은 일찍이 라드브루흐 (G.Radbruch)가 말했던 "형법보다 더 좋은 어떤 것"을 향해 열린 지평일지 현재의 우리로서는 속단하기 어렵지만 말이다.[182]

---

182 이와 관련하여 복고주의, 현실주의, 이상주의라는 세 가지 이념형을 구분할 수 있다. 시간의 양태는 과거, 현재, 미래로 흔히 구분되지만, 이들 시간대도 다시 각각 과거, 현재, 미래로 더 세분하여 고찰할 수 있다. 즉, 과거를 과거적 과거, 현재적 과거, 미래적 과거로, 현재를 과거적 현재, 현재적 현재, 미래적 현재로, 미래를 과거적 미래, 현재적 미래, 미래적 미래의 차원으로 세분할 수 있을 것이다. 그것은 인간의 기획에 따라 또다시 세분에 세분을 거듭할 수 있을 정도로 열린 시간의 차원들인 셈이다. 여기에서 복고주의는 과거적 과거, 과거적 현재, 과거적 미래를 지향한다. 이에 비해 현실주의는 현재적 과거, 현재적 현재, 현재적 미래를 지향한다. 이상주의는 미래적 과거, 미래적 현재, 미래적 미래를 지향한다. 생각을 이데올로기로 변질시킬 수 있는 위험은 복고주의의 스펙트럼에서 과거적 과거, 현실주의에서 현재적 현재, 이상주의에서 미래적 미래이다. 다른 스펙트럼은 그것들이 하나의 시제를 뛰어넘어 다른 시제와 충돌과 조화를 경험하면서 융합할 수 있다는 점에서 그러한 위험은 극복될 수 있는 정도라 하겠다.

참고문헌

I . 국내문헌

강구진,「죄형법정주의와 적법절차의 원칙」, 고시연구 1983.6.

강구진,「형법의 시간적 적용범위에 관한 고찰」, 형사법학의 제 문제, 1983.

강구진/장영민 공역, 클라우스 록신, 형법학입문, 1984.

계희열 역, 콘라드 헤쎄, 헌법의 기초이론, 2001.

권오걸, 형법총론, 제3판, 2009.

김기두, 형사소송법(전정신판), 1987.

김동률/최성진,「체제불법의 형법적 과거청산의 당위성에 대한 연구」, 동아법학 66
　　　호, 2014.

김상용, 민법총칙, 1993.

김성돈, 국가폭력과 형법 그리고 헌법, 법조, 2018.

김성돈, 형법총론, 제2판, 2009.

김영환,「공소시효와 형벌불소급의 원칙」, 자유주의적 법치국가, 2018.

김일수,「나의 형법학이해 30년」, 형법질서에서 사랑의 의미, 2013.

김일수 역, 노베르트 브리스코른, 법철학(1990), 1996.

김일수,「도덕성을 잃은 공권력은 폭력이다」, 법 · 인간 · 인권, 제3판, 1996.

김일수,「북한형법 40년」, 법 · 인간 · 인권, 제3판, 1996.

김일수,「사회안전과 형사법」, 형법질서에서 사랑의 의미, 2013.

김일수,「위험형법 · 적대형법과 사랑의 형법」, 형법질서에서 사랑의 의미, 2013.

김일수,「인간과 역사와 교회」, 시대와 지성(이문영 교수 화갑기념논문집), 1988.

김일수,「전환기의 법학 및 형법학의 과제」, 법 · 인간 · 인권, 제3판, 1996.

김일수, 전환기의 형사정책, 2012.

김일수,「정의와 시간의 문제」, 서울신문 2017.4.3.

김일수,「판례변경예고제의 도입」, 법은 강물처럼, 2002.

김일수, 한국의 법치주의와 정의의 문제, 미래한국재단 연구보고서 18-02, 2019.

김일수, 한국형법Ⅰ, 개정판, 1996.

김일수, 한국형법Ⅵ, 개정판, 1997.

김일수, 형법질서에서 인간의 존엄, 고려대 석사논문, 1975.

김일수/서보학, 형법총론, 제13판, 2018.

김종원, 「죄형법정원칙」, 고시계, 1972.4.

남흥우, 형법총론, 개정판, 1983.

노명선/이완규, 형사소송법, 제3판, 2013.

박미숙, 공소시효제도에 관한 연구, 형정원연구총서 04-33, 2004.

박상기, 형법총론, 제5판, 2002.

박은정/한인섭, 5.18 법적 책임과 역사적 책임, 1995.

배종대, 형법총론, 제7판, 2004 .

배종대/이상돈/정승환/이주원, 신형사소송법, 2011.

백형구, 알기쉬운 형사소송법, 2007.

버만/김철, 종교와 제도, 1992.

변종필, 「반인도적, 국가적 범죄와 공소시효」, 비교형사법연구 제8권 제1호, 2006.

서일교, 형사소송법, 8개정판, 1979.

손동권/김재윤, 새로쓴 형법총론, 2011.

손해목, 「죄형법정주의」, 고시연구, 1987.1.

신동운, 신형사소송법, 2012.

신양균, 형사소송법 제2판, 2004.

심재우 역, 베르너 마이호퍼, 법치국가와 인간의 존엄, 1994.

심재우, 「시민불복종과 저항권」, 한국법철학회편, 법치국가와 시민불복종, 2001.

심재우, 「인간의 존엄과 법질서」, 고대 법률행정논집 제12집, 1974.

심재우, 「Hobbes의 죄형법정주의」, 고시계 1980.4.

오영근, 형법총론(보정판), 2005.

유기천, 형법학(총론강의), 개정24판, 1983.

윤재왕 역, 징엘슈타인/슈톨레, 안전사회 제3판, 2012.

윤재왕 역, 프랑크 잘리거, 라드브루흐공식과 법치국가, 부록1(구스타프 라드브루흐,
    법률적 불법과 초법률적 법), 제2판, 2011.

이기상 역, 마틴 하이데거, 존재와 시간, 제15판, 2010.

이재상, 신형사소송법 제9판, 2012.

이재상, 형법신강(총론Ⅰ), 1984.

이재상, 형법총론, 제7판, 2011.

이정원, 형법총론, 제2판, 2001.

이주원, 형사소송법, 2019.

이한우 역, 조프스키, 안전의 원칙(2006), 2007.

이형국, 형법총론연구Ⅰ, 1984.

임동규, 형사소송법, 2012.

임웅, 형법총론, 제3정판, 2010.

전경연/박봉랑 역, 위르겐 몰트만, 희망의 신학, 제12판, 1989.

정성근, 형법총론, 개정판, 1988.

정성근/박광민, 형법총론, 제2판, 2005.

정영석, 형법총론, 제5전정판, 1983.

정웅석/백승민, 형사소송법, 제5판, 2012.

조국, 반인권적 국가범죄와 공소시효의 정지, 법률신문 제3053호(2002.02.25).

조균석 역, 히라라기 도키오(平良木 登規男), 일본형사소송법, 2012.

조문숙, 식인(食人), 2010.

진계호, 형법총론, 제6판, 2000.

한국형사정책연구원 역간, 울리히 지버, 「위험사회의 새로운 도전」, 전세계적 위험
　　　사회에서 복합적 범죄성과 형법, 2011.

황산덕, 형법총론, 제7정판, 1982.

II. 외국문헌

A. Nassehi, Die Zeit der Gesellschaft, 2.Aufl., 2008.

Aristoteles, Physikvorlesung IV(H.Wagner 역), 1967.

Arth. Kaufmann, Das Schuldprinzip, 2.Aufl., 1976.

Aurelius Augustinus, Bekenntnisse(W.Thimme 역), 1982.

B.Schünemann, Nulla poena sine lege?, 1978.

Beck, Unrechtsbegründung und Vorfeldkriminalisierung, 1992.

C.Roxin, AT I , 3.Aufl., 1997.

C.Roxin, F.v.Liszt u die kriminalpolitische Konzeption des AE, in:ders., Strafrechtl
Grundlagenprobleme, 1973.

C.Roxin, Sinn und Grenzen staatlicher Strafe, in: ders., Strafrechtliche
Grundlagenprobleme, 1973.

C.Schmitt, Theorie des Partisanen, 1975.

E.Hilgendorf, System-und Begriffsbildung im Strafrecht, in: Hilgendorf/Kudlich/

E.Opocher, Recht und Zeit, in: Arthur Kaufmann(Hrsg.), Die ontologische
Begründung des Rechts, 1965.

E.Riezler, Der totgesagte Positivismus, in: W.Maihofer(Hrsg), Nr od Rp?, 1972.

G.Dannecker, Das intertemporale Strafrecht, 1993.

G.Dannecker, Zeitlicher Geltungsbereich, in: Hilgendorf/Kudlich/Valerius(Hg.),
Handbuch des Strafrechts, Bd.2(Strafrecht AT I), 2020.

G.Husserl, Recht und Zeit, 1955.

G.Jakobs, Bürgerstrafrecht und Feindstrafrecht, in:Foundation and Limits of
Criminal Law and Criminal Procedure, 2003.

G.Jakobs, Kriminalisierung im Vorfeld einer Rechtsgutsverletzung, ZStW 97(1985)

G.Jakobs, 「Personalität und Exklusion im Strafrecht」, FS-D.Spinellis, 2001.

G.Jakobs, Strafrecht AT, 2.Aufl., 1991.

G.Radbruch, Einführung in die Rechtswissenschaft, 12.Aufl., 1969.

G.Stratenwerth, Strafrecht AT, 3.Aufl., 1981.

H.Bergson, Zeit und Freiheit(Nachdruck der 2.Aufl.) Jena 1920.

H.H.Jescheck, AT, 4.Aufl., 1988.

H.Henkel, Rechtsphilosophie, 2.Aufl., 1977.

H.J.Berman, The interaction of law and religion, 1974.

H.L.Schreiber, Gesetz und Recht, 1976.

H.L.Schreiber, Zur Zulässigkeit der rückwirkenden Verlängerung von Verjährungs-
fristen früher begangener Delikte, ZStW 80(1968).

H.Welzel, Das Deutsche Strafrecht AT, 11.Aufl., 1969.

Hegel, Die Vernunft in der Geschichte. Einleitung in die Philosophie der Weltgeschichte(G.Rasson편집), 1917.

Hegel, Vorlesungen über die Philosophie der Geschichte(전집 제12권), 1970.

I.Kant, Kritik der reinen Vernunft, in: Bd.6 der Werke in 10Bdn(W.Weischedel 편), 1983.

Il-Su Kim, Der Gesetzlichkeitsgrundsatz im Lichte der Rechtsidee. FS-Roxin, 2001.

Il-Su Kim, Die Bedeutung der Menschenwürde im Strafrecht, Disser.München, 1983.

J.Arnold, Die"Bewältigung" der DDR-Vergangenheit vor den Schranken des rechtsstaatlichen Strafrechts, in: Institut für Kriminalwissenschaften(Hrsg.), Vom unmöglichen Zustand des Strafrechts, 1995.

K.Hesse, Grundzüge des Verfassungsrechts der BRD, 20.Aufl., 1995.

K.Seelmann, Rechtsphilosophie, 1994.

LaFave/Scott. Criminal Law. 8th reprint, 1985.

Maurach/Schroeder/Maiwald, BT/2, 7.Aufl.,1991.

P.Noll, Strafrecht AT, 1981.

P.Schneider, In dubio pro libertate, in: Hundertjahre deutsches Rechtsleben, Bd. II, 1960.

R.Alexy, Begriff und Geltung des Rechts, 1992.

R.Alexy, Der Beschluß des BVerfG zu den Tötungen an der innerdeutschen Grenze vom 24.Oktober 1996.

R.Dreier, Mauerschützen, 1993.

Th.Fischer, StGB mit Nebengesetzen, 66.Aufl. 2019.

U.Neumann/U.Schrott, Neue Theorien von Kriminaltät und Strafe, 1980.

V.Krey, Keine Strafe ohne Gesetz, 1983.

Valerius(Hg.), Handbuch des Strafrechts, Bd.2(Strafrecht AT I), 2020.

W.Diefenbach, Die verfassungsrechtliche Problematik des §2 Abs.6 StGB, 1966.

W.Frisch, Unrecht u Strafbarkeit der Mauerschützen, FS-Grünwald, 1999.

W.Hassemer, Einführung in das Strafrecht, 2.Aufl., 1990.

W.Hassemer, Symboilsches Strafrecht und Rechtsgüterschutz, NStZ 1989.

金日秀/徐輔鶴, 韓國刑法總論(日語版), 齊藤豊治/松宮孝明 監譯, 成文堂, 2019.

찾아보기

김일수

고려대학교 법과대학 졸업
제12회 사법고시 합격, 사법연수원 제2기 수료, 변호사
고려대학교 대학원 수료(법학석사)
독일 München 대학 수학(법학박사: Dr. jur)
독일 Humboldt Foundation Fellow
미국 Harvard University Law School Visiting Scholar
고려대학교 법과대학 교수, 학장 역임
한국형사정책연구원장, 국가경찰위원장 역임
현재 고려대학교 법학전문대학원 명예교수
중국 무한대학 법학원 겸직교수, 길림대학·요령대학 법학원 객좌교수
Zeitschrift f.d. ges. Strafrechtswissenschaft(ZStW) 국제편집자문위원

저서 및 역서
한국형법 I (총론 상)/II (총론 하)/III (각론 상)/IV(각론 하)
새로 쓴 형법총론(제13판)(2008년 중국어 역간; 2019년 일본어 역간)
새로 쓴 형법각론(제9판)
사랑과 희망의 법/개혁과 민주주의/공정사회로 가는 길/
법·인간·인권/수사체계와 검찰문화의 새 지평/범죄피해자론과 형법정책/
바람직한 양형조사제도/전환기의 형사정책/형법질서에서 사랑의 의미/
Lebensschutz im Strafrecht(Mithrsg.)/C.Roxin, 형사정책과 형법체계(역서)/
N.Brieskorn, 법철학(역서)/G.Jakobs, 규범·인격·사회(공역) 외 다수

형법상 소급효금지의 원칙과 시간적 정의의 문제

초판 인쇄 2020년 10월 7일
초판 발행 2020년 10월 15일

지은이 김일수
펴낸이 이방원
펴낸곳 세창출판사
　　　신고번호 제300-1990-63호
　　　주소 03735 서울시 서대문구 경기대로 88 냉천빌딩 4층
　　　전화 02-723-8660　팩스 02-720-4579
　　　이메일 edit@sechangpub.co.kr　홈페이지 www.sechangpub.co.kr
　　　블로그 blog.naver.com/scpc1992　페이스북 fb.me/sechangofficial　인스타그램 @sechang-official

ISBN 978-89-8411-726-6 93360

이 도서의 국립중앙도서관 출판예정도서목록(CIP)은 서지정보유통지원시스템 홈페이지(http://seoji.nl.go.kr)와
국가자료공동목록시스템(http://www.nl.go.kr/kolisnet)에서 이용하실 수 있습니다.(CIP제어번호: CIP2020409455)